UN SANTO MEXICANO:

JUAN DIEGO

Apolinio Haro
253 8544535

678-449-6060

UN SANTO MEXICANO:

JUAN DIEGO

La Verdad Tras el Mito

por Juan Pablo Morales Anguiano

Grupo Editorial Tomo, S.A. de C.V.
Nicolás San Juan 1043
03100 México, D.F.

1a. edición, julio 2002.

© Grupo Editorial Tomo, S.A. de C.V.
  Juan Diego

© 2002, Grupo Editorial Tomo, S.A. de C.V.
  Nicolás San Juan 1043, Col. Del Valle
  03100 México, D.F.
  Tels. 5575-6615, 5575-8701 y 5575-0186
  Fax. 5575-6695
  http://www.grupotomo.com.mx
  ISBN: 970-666-531-5
  Miembro de la Cámara Nacional
  de la Industria Editorial No 2961

Proyecto: Juan Pablo Morales A.
Diseño de Portada: Emigdio Guevara
Formación Tipográfica: Servicios Editoriales Aguirre, S.C.
Supervisor de producción: Leonardo Figueroa

Impreso en México - *Printed in Mexico*

Contenido

Capítulo VIII

Prólogo

L a noticia sobre la canonización del indio Juan Diego ha levantado toda clase de reacciones, desde la algarabía y el júbilo hasta la indignación. Las apariciones ¿se manifiestan o se provocan? Ésa parece ser la primera interrogante. Pero, ¿realmente existen pruebas de la existencia de Juan Diego?¿Su ayate y la imagen en él, son obras del designio divino? Todas éstas son preguntas que no podemos contestar por usted, pues cada cual debe sacar sus propias conclusiones.

Al escribir este libro nos mueve la idea de permitir que usted, amable lector, pueda llevar a su corazón la verdad sobre el milagro guadalupano; que pueda contemplar fríamente las pruebas que refuerzan el nombramiento del indio Juan Diego. Así como la polémica que se ha desatado alrededor del mismo, los personajes envueltos en el escándalo religioso, personajes que pertenecen a la misma Iglesia, y aun así, desechan la idea de permitir que un indio mexicano sea nombrado santo.

Creo que el milagro guadalupano está más allá que la oposición o el júbilo por el nuevo santo; el milagro guadalupano y Juan Diego se encuentran en las entrañas mismas de nuestro país, México, y están tan arraigados en nuestra vida diaria que ni una pluma o una opinión, y ni siquiera el mismo ejército, podrían desprenderlos de nosotros. El milagro guadalupano es más que un simple pedazo de tela, sea cual fuere el material, o de una pintura ya sea de origen humano o divino: el verdadero milagro guadalupano está en el amor que el pueblo ha llegado a sentir por la morenita del Tepeyac, en la veneración de millones de mexicanos que ofrecen pruebas de su fe por todo el país y más allá de sus fronteras.

El verdadero milagro guadalupano se da todos los días, ya sea en la casa de un humilde barrendero o en la mansión del ilustre empresario; se encuentra a todas horas y en cualquier condición, ya sea adversa o favorable, en cualquier lugar; se da en el centro del corazón de millones de mexicanos que aman y veneran a la Madre de Dios, a la morenita del Tepeyac, a la Santísima Virgen de Guadalupe, *nuestra* Santísima Virgen de Guadalupe.

A continuación encontrará bases históricas y científicas que demuestran la veracidad de la existencia y obra de Juan Diego. Por medio de éstas, podrá contemplar la polémica desde otro punto de vista; logrará sacar sus propias conclusiones y así decidir cuál será su posición ante la canonización del indígena Juan Diego.

Juan Pablo Morales Anguiano

I

Antes del milagro

E n el año de 1325, el día 18 de julio para ser más precisos, y de un lugar llamado Aztlán, llegaron los que vendrían a ser los fundadores de la gran ciudad de Tenochtitlan. Iniciaron su marcha en el año de 1160 y la dirección que llevaban era rumbo a la costa, pero algo les haría detener su marcha.

Tras una peregrinación de 165 años, en 1279, los aztecas llegaron a Chapultepec. Su dios Huitzilopochtli, haciendo uso de los sacerdotes como heraldos, les dio el mensaje de seguir su penosa marcha hasta que encontraran una majestuosa águila posada sobre un nopal devorando a una serpiente y en ese lugar deberían sentar y edificar su nueva residencia.

La anhelada fecha llegó y en un islote de lago de Texcoco pudieron presenciar la anunciada visión; nueve guerreros aztecas llevaron a su tribu hasta el lugar y así comenzó la edificación de una de las ciudades prehispánicas más importantes de toda América, la gran Tenochtitlan.

Los nombres de los guerreros eran: Acapitli, Acelopan, Atonotl, Coyoyol, Quapan, Tezineuh, Xiuhcaquí y Xoximitl, todos ellos, guiados por Tenoch, fundaron la gran ciudad de Tenochtitlan, cuyo nombre significa lugar del tunal, así como México, lugar de Mexitli; Mexitli era también el nombre que usaban para referirse a Huitzilopochtli.

Los aztecas eran grandes ingenieros, pues utilizaban un sistema de pilotes para cimentar sus edificios; el suelo donde fundaron su lugar es de tipo pantanoso y por lo tanto propenso a los hundimientos, es por eso que, el uso de pilotes clavados en el fango solucionaba perfectamente este problema.

Al extender su ciudad hacia los cuatro puntos cardinales, realizaron cuatro calzadas, las cuales dieron origen a cuatro barrios de los que, hasta la actualidad, perduran tres: Tacuba, Iztapalapa y el Tepeyac; el cuarto de ellos no prosperó ni perduró por tener a su lado el lago de Texcoco.

La muerte de Tenoch en 1376 dejó a la ciudad sin un gran líder, sin embargo, esta pérdida no redujo, ni siquiera sacudió, el indomable deseo azteca de prosperar como una gran sociedad, pues inmediatamente subió al poder un joven de nombre Acamapichtli, quien era un inteligente guerrero, que además de ser valiente era sabio, tan sabio como para poder dirigir a un gran pueblo como lo era el azteca.

Acamapichtli, Huitzilíhuitl, Itzcóatl, Moctezuma Ilhuicamina, Axayacatl, Tizoc, Ahuízotl, Moctezuma II y Cuitláhuac son algunos de los nombres de los gobernantes aztecas que sucedieron al gran Tenoch, pero el que está más ligado a la historia que vamos a relatar es Cuauhtémoc.

Cuauhtémoc fue electo el último rey azteca, hecho que sucedió en el año de 1521 en el mes de enero. Cabe mencionar el gran valor y la edad de este héroe azteca, de quien los testigos de la caída del Imperio dicen estaba entre los dieciocho y los veinticinco años. En algunos documentos ha llegado a constar la admiración que Hernán Cortés sintió por la juventud y el arrojo del "Águila que cae".

No es de ninguna manera nuestra intención relatar toda la historia de la conquista en estas páginas, sino dar una idea del entorno social, político, cultural y económico que rodearon al milagro de la Virgen de Tepeyac. Así, lector, podrá resultarle más fácil sacar sus propias conclusiones sobre la historia y la canonización del beato Juan Diego.

El entorno religioso

Los dioses aztecas constituían una base para la vida de este pueblo, así como los sacrificios lo eran en sus prácticas religiosas; los dioses formaban el motor que movía su universo, causa y origen de todas las cosas que sucedían en sus vidas. Dioses como Tláloc, dios de la lluvia, Coatlicue, Tonantzin, eran venerados grandemente, pero sobre todo el dios Ometéotl, quien era el universo en sí, un todo.

HUITZILOPOCHTLI

Ometéotl era el contenedor del universo, el principio y el fin para dar origen a un nuevo inicio. Esto nos recuerda el nombre en náhuatl: *Totecuiyo in ilcahuicahua in tlatipaque in mictlane*, que significa *"nuestro señor, dueño del cielo, de la tierra y de los infiernos"*.

Pero a pesar de los múltiples dioses de la cultura azteca, se han encontrado evidencias que nos permiten afirmar que no practicaban el politeísmo, sino el monoteísmo, lo cual significa que consideraban la existencia de un solo poder supremo, aunque este poder tuviera muchos aspectos. Debido a esto, podemos afirmar que muchos de los dioses no eran, sino un aspecto de los muchos que formaban a Ometéotl.

No obstante, su visión de la vida era mucho más compleja, pues pudieron dilucidar que la vida era un conjunto de dualidades, como el bien y el mal, el frío y el calor. Toda esta filosofía les permitió dar a Ometéotl un nombre que lo define a la perfección: "Ometéotl Dios del Dos" (dualidad).

Ometéotl era el creador de sí mismo y de todos los demás seres, y ésta era la creencia de los aztecas, hecho que sorprendió a los clérigos llegados de España, lo cual consta en una carta que Sahagún envió al Papa Pío V, fechada el 25 de noviembre de 1570:

"Entre los Philosophos antiguos unos dixeron que ni un Dios avia y desta opinión fueron muchos:

Ximocrates dixo que avia muchos dioses populares, pero solo un Dios todopoderoso y criador de todas las cosas."

Actualmente esta carta está en el archivo secreto del Vaticano.

La pluralidad de nombres para Ometéotl, su dios, se da por la percepción que los aztecas tenían de él, así como la profundidad de su pensamiento teológico. La religión, como ya lo hemos dicho, se encontraba ligada a todas sus actividades, pero no sólo estaba relacionada, sino que además las regulaba, incluso aquellas que nos parecerían lejanas a las creencias religiosas, tales como los deportes, el comercio, etc.

Uno de los aspectos más importantes que regulaba la religión era la guerra, la cual, más que un sentimiento bélico, era una vocación que llevaba al guerrero al engrandecimiento propio, basado en el auto-abandono de la voluntad y un especial interés por el servicio a los demás.

La muerte de los guerreros permitía que sus corazones se elevaran junto a su dios para ayudarle en su eterna labor creadora, trabajando hombro con hombro con ese dios para hacer de éste, un mundo mejor y preservar su equilibrio.

MICTLANTECIHUATL

La educación

Éste es un aspecto realmente interesante de la cultura azteca, pues consideraban la ignorancia como algo verdaderamente vergonzoso; hasta los misioneros encargados de la evangelización de los indígenas, quedaron impresionados por el afán de educar al pueblo sin importar su sexo, a tal grado, que la educación era considerada obligatoria. Cabe mencionar que resultaba increíble que un pueblo considerado salvaje por los europeos haya tenido semejantes fundamentos sociales.

Las escuelas eran llamadas "Calmecac y Telpochcalli". La primera parte de la educación era completada por los padres en el seno del hogar, quienes después mandaban a sus vástagos a esas afamadas instituciones. La pedagogía azteca era realmente asombrosa; se basaba en su concepto de la verdad, pues vivir dentro de ella debía ser el ideal para cada uno de los individuos.

Los aztecas se preocupaban por dar a sus hijos la seguridad y la protección que el amor brinda para hacer de los niños ciudadanos de bien y responsables, además de que este tratamiento hacia sus hijos, les permitía a estos últimos aceptar las enseñanzas de manera más fácil, pues no criaban a niños resentidos.

La finalidad principal de la educación era una correcta formación de la personalidad. En su lengua, la personalidad era representada con un rostro y un corazón, de esta manera, quien carecía de personalidad no tenía rostro y quien no tenía corazón no sería capaz de relacionarse con los que le rodeaban.

Por eso, la educación de los aztecas se enfocaba desde temprana edad en ubicar a la persona en su papel social como individuo y en su papel como ciudadano en relación con los demás, y como las herramientas que utilizaban para educar a la niñez y juventud eran la experiencia y el estudio, crecían integrados a la sociedad porque todo lo que aprendían se relacionaba con su vida diaria inmediatamente.

Después de una formación impartida en el hogar, llegaba el momento en que los jóvenes debían ingresar al Calmecac y al Telpochcalli, lugares donde completarían su educación, pero en ambas etapas de la formación del individuo, un aspecto que era cuidado con mucho esmero, era la moralidad.

Durante su educación y formación, los jóvenes eran instruidos para seguir siempre el camino recto de la vida, amar a sus vástagos, respetar a sus semejantes, ser respetuosos de sus tradiciones y sobre todo ser fieles a su pueblo y a sus gobernantes. Desdichadamente todo esto fue echado por tierra con la llegada de los españoles, quienes vinieron a domesticar a estos "salvajes", tratando por todos los medios de hacerlos a la manera de la vida europea, tanto en lo social como en lo religioso. Este triste hecho fue comentado por Sahagún, quien diría que era mucho mejor la forma de vivir y la sociedad "india" a su manera, que la misma española.

La educación impartida por los aztecas a su pueblo y el respeto a los demás, eran fielmente demostrados por sus gobernantes, quienes, aun cuando su pueblo dominaba toda la región, nunca trataron de imponerse sobre otros pueblos. Sin embargo, el poder no residía en Tenochtitlan solamente, sino que estaba repartido entre Tenochtitlan, Texcoco y Tlacopan.

II

Nace Cuauhtlatoatzin

El Imperio Azteca estaba en su pleno esplendor, su influencia se extendía desde lo que hoy son los Estados Unidos hasta América Central, llegando a ser la cultura más poderosa de todo el continente americano. Justo en este entorno nace Cuauhtlatoatzin, en el periodo de Moctezuma I. Su formación se llevó a efecto bajo el reinado de Tizoc, al entrar al Telpochcalli.

A la edad de ocho años, Cuauhtlatoatzin fue testigo de la transformación ideológica de México, la cual se debió a un personaje muy importante de nombre Tlacaelél, quien pensaba unificar el poderío por medio de una reforma ideológica. A esa edad le tocó presenciar un ritual que se celebraba cada cuatro años, en el cual se sacrificaban a dos esclavas para honrar al fuego.

A los trece años presenció la construcción del templo de Huitzilopochtli y sintió la angustia del cambio de año en 1506, en el que se realizaba la ceremonia del fuego nuevo, y con lo que se esperaba cómo podría ser el año que seguía. Cuauhtlatoatzin se dedicó a la agricultura pero también participó en algunas de las guerras emprendidas por las tropas tenochcas.

Hasta el momento no se ha podido precisar con exactitud la fecha en que Cuauhtlatoatzin contrajo matrimonio, pero se piensa que fue entre los años de 1494 y 1496, dos años después de que Cristóbal Colón descubriera América; su esposa llevaba por nombre Malintzin, también de cuna noble.

Existe mucha controversia sobre el hecho de que Cuauhtlatoatzin fuera célibe hasta su muerte, es decir, nunca sostuvo relaciones sexuales con su esposa, pues hay quienes dicen que la pareja tuvo descendencia y que incluso el primogénito recibió el mismo nombre de su padre.

Pero Cuauhtlatoatzin no era un hombre común, como ya lo mencionamos, era una persona sumamente preparada, además de tener varios negocios, lo que le daba cierto nivel y reconocimiento entre sus semejantes. Tras la muerte de Ahuízotl, subió al poder Moctezuma II, quien esperaba que se cumplieran las profecías que anunciaban la llegada de Quetzalcóatl, la serpiente emplumada.

Es de resaltar la influencia que Cuauhtlatoatzin tenía sobre Moctezuma II, a quien en varias ocasiones conminó a dejar a un lado los sacrificios humanos, pues consideraba que no podía existir un dios que saciara su sed con la sangre de inocentes. Además, Cuauhtlatoatzin gozaba de la amistad del gobernante por lo que era invitado junto con su esposa a las animadas reuniones que se celebraban en sus temazcales y jardín botánico, éste último ubicado en Chapultepec.

Pero la felicidad de Cuauhtlatoatzin y el Imperio Azteca estaba próxima a terminarse, pues el 19 de abril de 1519,

Hernán Cortés, su tripulación y acompañantes, llegaron a las costas del Golfo de México para fundar la Villa Rica de la Vera Cruz; fue entonces cuando Moctezuma II fue informado de que los dioses habían llegado.

En noviembre de 1520 los españoles hicieron su arribo al Valle de México, entrando por el sur de la ciudad de Tenochtitlan, para ser más exactos, por el barrio de Iztapalapa, el cual se encontraba comunicado a la ciudad por una calza-

da, que en la actualidad es la calzada de Tlalpan, llegando hasta Xoloc, donde tuvieron su primer encuentro Moctezuma y Cortés.

Ese triste día para la cultura azteca inició su caída, pues casi de inmediato comenzó una metamorfosis en la vida de los habitantes del Valle de México; Cuauhtlatoatzin vio con tristeza como Moctezuma II prácticamente le entregó el poder del Imperio a Cortés.

Fue así como de un día para otro, los indígenas se encontraron en medio de la nada: sus creencias religiosas, sus instituciones sociales, su sociedad en sí misma estaba siendo aniquilada.

La conquista de México

El año de 1519 marca un parte aguas en la historia de México, es el año en el que los españoles llegaron a nuestro país, cruzando nuestras hermosas planicies, montañas, selvas y desiertos para llegar al centro, hasta la médula, para terminar de tajo con la grandeza de su cultura.

El país estaba dividido en 38 provincias habitadas por varias tribus, las cuales se encontraban bajo el dominio del imperio azteca: estamos hablando de que el país estaba poblado por más de 10 millones de personas. Cada una de estas provincias se encontraba regida por un gobernador, que junto con algunos dignatarios y bajo la supervisión del Emperador azteca, ejercían control sobre el ejército, la cultura y la administración de sus respectivas ciudades.

Era común que los pueblos aztecas fueran edificados alrededor de algún templo y las periferias de las ciudades fueran ocupadas por las clases más bajas, las cuales construían sus chozas con techos de paja y paredes de adobe y sin ventanas. Este tipo de construcciones todavía se puede encontrar en muchos pueblos de la provincia mexicana, sobre todo en aquellos aquejados por la pobreza.

Pero esta civilización, cuyos avances sociales y culturales sobrepasaban a muchas culturas de su tiempo, estaba sumergida en la más terrible decadencia religiosa; la práctica de sacrificios humanos era muy común, las víctimas de esos sacrificios eran por lo general esclavos y prisioneros de guerra a los cuales se les arrancaba el corazón en un ritual.

Estos rituales tenían la finalidad de apaciguar la ira de sus dioses (el fuego, el sol, la lluvia, el viento, etcétera), o para evitar las pestes, terremotos y demás desgracias, que eran consideradas como castigo de sus dioses; los rituales eran llevados a cabo en lo alto de algunos templos (pirámides), los cuales eran dedicados a las diferentes deidades, como Quetzalcóatl (la serpiente emplumada).

Quetzalcóatl, según cuentan las leyendas aztecas, fue un hombre blanco, barbado, delgado y alto, que había habitado entre ellos y que se había marchado avergonzado por haberse embriagado. Subiéndose a su balsa de plumas se elevó entre lenguas de fuego hacia el infinito, pero prometió que algún día regresaría.

La existencia de Quetzalcóatl ha sido también una gran fuente de especulaciones. Se ha llegado a especular que este dios barbado pudo haber sido en realidad Jesucristo, quien en el periodo de los años perdidos pudo haber visitado tierras mexicanas, pero esto es sólo una especulación.

Mencionamos su afición y profundas creencias en la superstición y las profecías porque, como veremos adelante, fueron parte decisiva en la caída del Imperio Azteca. Moctezuma II era un hombre con profundas creencias religiosas pero a su vez, muy supersticioso; fue quizá el más discordante de todos los monarcas aztecas pues mientras sus antecesores habían vivido dando un ejemplo de respeto y moralidad, Moctezuma II había ejercido su reinado con cruda violencia.

Esta actitud por parte del Monarca había sembrado el odio en las almas de algunos de los pueblos bajo su yugo, tal y como era el caso del pueblo tlaxcalteca, el cual jugaría un papel muy importante en la conquista y derrota del pueblo azteca. Moctezuma, respetuoso de las profecías, escuchó con gran emoción la noticia de que en las costas del Golfo de México habían sido vistos tres barcos emergiendo del horizonte.

Sus adivinos le pronosticaron desgracias para él y su pueblo. Su derrota y caída del Imperio vendría de manos de hombres blancos que llegarían del otro lado del mar. Pero uno de los sucesos que más impacto tuvo sobre el Monarca fue el sueño de su hermana Papatzin, quien después de una grave enfermedad cayó en coma, y teniéndola por muerta, fue enterrada, sin embargo, al terminar de cubrirla de tierra, comenzaron a escuchar sus gritos y fue desenterrada.

Al llegar a su hogar y estando más tranquila, relató a su hermano el sueño que había tenido mientras estaba en estado comatoso. En él, un ser de aspecto radiante, la llevó hasta la orilla del mar donde le mostró unos barcos con cruces negras en sus velas, cruces que su acompañante llevaba en la frente y le dijo que aquellos barcos traerían a quienes les mostrarían al Dios verdadero y conquistarían a los pueblos del Imperio.

Es muy posible que los guerreros aztecas ya estuvieran derrotados incluso antes de que los españoles desembarcaran en nuestras costas, efecto que se agudizó más cuando vieron las terribles bestias en las que venían montados aquellos hombres forrados de metal y que poseían el poder del trueno (sus cañones); pero la derrota mental del Monarca se acentuó cuando mandó traer uno de los cascos españoles y pudo comprobar que estaban adornados con aquellas fatídicas cruces negras.

Moctezuma, desesperado, consultó a sus consejeros y después de mucho pensarlo, decidieron intentar comprar a Cortés con preciosos regalos, acto que desató la codicia del conquistador español, además de que sus tropas habían encontrado a muchos pueblos que odiaban con todas sus fuerzas al emperador tenochca.

Este hecho le permitió a Cortés formar alianzas con esos pueblos y rápidamente un ejército de españoles y mexicanos comenzaron su avance hacia la gran metrópoli. A cada paso que daban, convencían a los pueblos a los que iban derrotando para unirse a ellos contra Tenochtitlan.

Moctezuma, consciente de la superioridad numérica de sus enemigos, pensaba que lo mejor sería negociar un arreglo con Cortés y sus aliados. Cortés sabía de la reputación traicionera que tenía el Emperador azteca, además de la precaución con la que debía avanzar pues no confiaba totalmente en sus aliados.

Tras varios días de negociaciones, Hernán Cortés y sus cuatrocientos soldados, conscientes de que a una orden del Emperador serían aniquilados por los miles de soldados aztecas, decidieron tomar a Moctezuma como prisionero. Este hecho encolerizó al pueblo haciéndose un llamado general a tomar las armas en contra de los españoles, pero la fortuna se olvidaría de Cortés, ya que cuando empezaba la lucha en la capital tenochca, le avisaron que uno de sus comandantes se había amotinado en la costa.

Cortés viajó a la costa para arreglar el asunto del motín, abandonando momentáneamente la lucha para regresar a ella cuando se encontraba en su punto más álgido, y tras una cruenta batalla en la que Moctezuma fue asesinado, los españoles salieron huyendo de la ciudad sufriendo numerosas baja. Muchos españoles fueron capturados y sacrificados después a los dioses aztecas.

Pero Cortés no estaba derrotado, reagrupó sus fuerzas, su ejército y sus aliados, y con certeros ataques de sus cañones logró derrotar a los valientes tenochcas, logrando con esta victoria añadir el territorio mexicano a la corona española. Una vez que los españoles ganaron control sobre la ciudad, una de sus primeras acciones fue la demolición de los templos aztecas para edificar iglesias católicas en su lugar, por ejemplo, donde estaba el templo de Quetzalcóatl edificaron la iglesia de Santiago de Tlatelolco.

Sin embargo, a pesar de las muchas acciones de los misioneros, tales como abrir escuelas, hospitales e iglesias, las conversiones al catolicismo eran realmente escasas. Durante el año de 1524, Cortés marchó hacia Honduras, hecho que fue aprovechado por su sucesor para levantar falsos testimonios contra él, pero su testimonio no tuvo la suficiente fuerza para ser sostenido y el perjurioso sucesor fue sustituido por cinco administradores, mejor conocidos como la primera Audiencia.

Muy pronto las noticias en cuanto a los abusos sobre los naturales de México y los malos manejos de las finanzas, llegarían a oídos del Emperador de España, Carlos V, quien decidió enviar a un Obispo, el cual gozaría de amplios poderes. El elegido para esta tarea fue el prior Zumárraga del monasterio franciscano de Abrojo en España, a quien antes de su partida hacia la nueva colonia, el Emperador español le regaló una fortuna que repartió entre los pobres de la región.

En diciembre de 1528, el prior Zumárraga fue nombrado primer Obispo del Nuevo Mundo y enviado a México. Su llegada acrecentó las labores evangélicas, además de arremeter contra la primera Audiencia, la cual hacía gala de una nefasta y despótica actitud hacia los naturales.

La primera Audiencia estaba encabezada por Don Nuño Beltrán de Guzmán, quien alegaba que su trato hacia los indígenas se debía a que eran seres sin alma, una especie de monstruos, opinión que no compartían los evangelizadores, ya que ellos consideraban que los indígenas, seres dotados con razón, eran hijos de Dios y por lo tanto debían ser bautizados e integrados al catolicismo.

Zumárraga hizo muchas denuncias de la situación que se vivía en México debido al mal ejercicio de la primera Audiencia, pero no fueron escuchadas; además de que de Guzmán acosaba a los frailes del Obispo, quien también fue amenazado por el propio de Guzmán. Zumarrága llegó a comentar que la persecución de la cual había sido objeto por parte de la primera Audiencia, era peor que la de Herodes y Diocletano.

Pero el Obispo logró, dentro de un crucifijo hueco, enviar un mensaje al Emperador y éste removió de su cargo a de Guzmán y a sus secuaces remplazándolos con una segunda Audiencia; sin embargo, debían primero terminar sus asuntos en España antes de viajar, por lo que para 1531 no habían llegado a México.

Con todo, debido al maltrato y a los abusos de la primera Audiencia, era inminente una insurrección general, hecho que advirtió Zumárraga, por lo que orando pidió a la Virgen María que evitara esta confrontación, pues aniquilarían a los ya pocos españoles que habitaban en México. Como señal de que su súplica había sido escuchada pidió a la Virgen que le mandara rosas de castilla.

III

Las primeras apariciones de la Virgen del Tepeyac

En el año de 1524, una pareja de Cuautitlán fue a la Iglesia para recibir el bautismo, él tomó el nombre de Juan Diego y su esposa tomó el nombre de María Lucía. Un tío de Juan Diego también abrazó el catolicismo, adoptando el nombre de Juan Bernardino. Este tío vivía en Tolpetlac, varios kilómetros al sur de Cuautitlán.

Juan Diego, nacido en el año de 1471, perdió a sus padres en su niñez, por lo que fue criado por su tío. Al casarse se fue a vivir al barrio de Cuautitlán, donde habitaba una humilde choza hecha de adobe y techo de paja. La Conquista había traído cambios radicales en la vida de este ser, ya que antes atendía sus negocios y ahora sólo se dedicaba a la agricultura y a tejer petates usando caña que cortaba en lagos cercanos.

Era común que este devoto hombre y su esposa caminaran más de 24 kilómetros para poder ir a misa. Al llegar al templo, ambos se sentaban en el suelo y escuchaban con gran atención la instrucción sobre la fe que impartían los sacerdotes; sin duda, olvidar los sacrificios humanos, con los que nunca estuvo de acuerdo, fue un gran aliciente para aceptar la nueva religión.

La vida daría otro duro golpe a Juan Diego ya que en el año de 1529, María Lucía, falleció. Su rutina diaria se vio destrozada por la pérdida, su pequeña y humilde choza era ahora el lugar más solitario del mundo, por lo que decidió mudarse a un lugar cercano a Tolpetlac donde vivía su tío, además de que se encontraba cerca de la iglesia de Tlatelolco. Ahora se dedicaría a la agricultura y a la ocasional caza de venados.

La única costumbre que conservaba después de la muerte de su esposa era la de acudir a la misa, para la cual se levantaba de madrugada y emprendía su marcha. Los años habían surtido efecto en las fuerzas de aquel devoto indio, por lo que ahora debía levantarse aún más temprano para poder atravesar el escarpado terreno y llegar a tiempo a la misa.

El día 9 de diciembre de 1531 se celebraba la fiesta de la Inmaculada Concepción de la Santísima Virgen, por lo que Juan Diego se levantó temprano para asistir a la celebración. Esta fiesta lo emocionaba particularmente, así que de madrugada, como era su costumbre, encaminó sus pasos hacia el templo, para lo cual tenía que pasar cerca del cerro del Tepeyac.

Al acercarse al Tepeyac, justo al pasar por el costado del cerro, se estremeció al oír una hermosa música que parecía no tener origen alguno. Detuvo sus pasos y con gran atención escuchó aquel deleite para sus oídos; no podía explicarse qué era lo que escuchaba, aquello era tan hermoso que ni siquiera su lengua natal podía describir lo que estaba oyendo.

Levantó la mirada y contempló una hermosa nube blanca rodeada de rayos de luz. Era como si esa nube tuviera atrapadas en su interior las luces que forman el arco iris; la música se detuvo súbitamente y el silencio se apoderó del cerro, entonces, una voz, la voz más tierna que jamás habían escuchado sus oídos, comenzó a llamarle por su nombre, "Juan... Juan Dieguito".

Juan Diego, azorado, encaminó sus pasos hacia la cumbre del cerro, lugar de donde parecía provenir aquella amorosa voz, y tuvo que escalar más de 30 metros de altura para llegar a la cúspide, donde encontró a una dama con una belleza sobrecogedora que emanaba un resplandor que casi lo cegaba. Su belleza era tal que las flores secas que la rodeaban revivían con su sola presencia; miró a Juan Diego y le hizo señas con su mano para que se acercara; él apresuró sus pasos hacia la hermosa dama y cayó de rodillas ante ella.

La hermosa dama, con gran dulzura le preguntó a Juan Diego:

"Juanito... hijo mío, ¿a dónde vas?"

"Mi noble señora, voy camino de la iglesia de Tlatelolco a escuchar misa".

Sonriendo con gran dulzura, la hermosa Señora le dijo:

"Mi más querido hijo, quiero que sepas que yo soy la perfecta y perpetua Virgen María, Madre del Dios verdadero, a través de quien todo vive, el Padre de todas las cosas, quien es el amo del cielo y de la tierra. Deseo con fervor que sea construido en este lugar un Teocalli en mi honor, donde daré y demostraré todo mi amor, compasión, mi ayuda y protección a la gente.

"Yo soy su Madre misericordiosa, la Madre de todos los que viven unidos en estas tierras, de toda la humanidad y de todos aquellos que me aman, de todos aquellos que lloran y de todas aquellas personas que confían en mí. En este lugar escucharé sus lamentos, aliviaré y remediaré sus sufrimientos, necesidades e infortunios. Así que, ve a casa del Obispo de la ciudad de México, platícale que yo te envío y que deseo que se construya un teocalli aquí, para que se haga lo que yo deseo. Cuéntale todo lo que has visto y oído. Mi agradecimiento será grande contigo y te recompensaré por obedecerme en lo que te he pedido. Y bien, ahora que me has escuchado, ve y haz todo lo que te he pedido lo mejor que puedas".

"Santísima Virgen, mi señora, haré lo que deseas", respondió Juan Diego.

Juan Diego reemprendió su marcha, y atravesando toda la ciudad llegó hasta la casa del prelado. La duda invadía su ánimo, estaba consciente de que su apariencia y su nivel social le daban poca credibilidad, pero las palabras de la Virgen habían sido claras, por lo que reforzó su confianza y tocó lenta y tímidamente en la casa del prelado.

La puerta fue atendida por un sirviente, a quien le solicitó que le condujera con el Obispo. La apariencia del indio le produjo desconfianza al sirviente pero su determinación acabó por convencerlo y de mala gana lo llevó hasta un patio, donde le ordenó que tomara asiento y esperara.

Tras una hora de espera, apareció el amable Obispo y saludó a Juan Diego, pero como no hablaba su lengua mandó traer a un intérprete de nombre Juan González, quien había aprendido a hablar el lenguaje de los indígenas al haber trabajado por todo el país al lado de los misioneros. Ahora era el intérprete oficial del Obispo y vivía en la casa episcopal.

Juan Diego, al ver al Obispo, se arrodilló ante él y relató todo lo que había visto y escuchado. El Obispo dudó sobre el relato del indio y a continuación lo interrogó sobre su residencia, ocupación y los evangelios, a lo cual Juan Diego respondió satisfactoriamente; pero aun así la historia del indio le parecía inverosímil, por lo que le pidió que se fuera y regresara cuando él estuviera desocupado prometiéndole que seguiría pensando en lo que le había platicado.

Acto seguido, Juan Diego se marchó del lugar con un gran pesar en su corazón, pues sentía que había fracasado en lo que la Virgen le había pedido. Al encaminarse de vuelta a su casa, sintió que la Señora lo estaría esperando en la cima del cerro, así que se dirigió hacia allá y al llegar, la encontró con la misma apariencia radiante con la que la había contemplado antes, y le relató todo lo que había sucedido en casa del Obispo y su negativa para creer su historia.

Juan Diego le dijo a la Virgen que mejor enviara a un mensajero de mayor importancia y renombre pues él sólo era un humilde indígena y no le creerían, a lo que la Virgen respondió:

"Juan Diego, mi hijo más querido, escucha y entiende que tengo muchos mensajeros a quienes puedo enviar, pero es necesario que seas tú quien entregue ese mensaje, y que por medio de tu ayuda sea cumplido mi deseo.

"Ve con el Obispo mañana, háblale en mi nombre y dile que debe iniciar la construcción del templo en este lugar y repítele que soy yo quien te envía, la siempre Virgen María, la madre de Dios".

Juan Diego, con renovados ánimos aceptó la encomienda de la Virgen, se despidió de ella, no sin antes prometerle que regresaría al día siguiente para decirle todo lo que había sucedido, y marchó a su casa. Al llegar a su hogar tomó su cena y se fue a dormir; el cansancio que sentía por fin lo había vencido y al día siguiente le esperaba otro viaje fatigoso.

A la mañana siguien-
te, Juan Diego dirigió
sus pasos hacia la igle-
sia de Tlatelolco para
escuchar la misa y con-
tinuar con su instruc-
ción religiosa. Eran casi
las diez de la mañana
cuando salió de la Igle-
sia y se dirigió a la ciudad de México. Al llegar
a la residencia del Obis-
po fue recibido con irri-
tación y le fue negada la
entrada, pero, otra vez,
su gran determinación
le valió para ser admiti-
do en la residencia.

La larga espera se
hizo presente en este nuevo encuentro con el Obispo, pero al aparecer Zumárraga en el patio, Juan Diego corrió a su encuentro, se arrodilló ante él y con lágrimas en los ojos, le relató lo que había sucedido en este nuevo encuentro con la Virgen, volviéndole a recalcar su deseo de edificar un templo en el cerro del Tepeyac.

El Obispo, conmovido con la actitud del indígena, comenzó a interrogarlo con todo tipo de preguntas acerca de su encuentro con la Virgen, a las que Juan Diego respondió con precisión, incluso cuando se le preguntaba una y otra vez. Esto impresionó a Zumárraga pero, aun así, no iba a acceder tan fácilmente a levantar un templo en aquel lugar tan alejado, y menos por el relato no verificado de un indígena.

Zumárraga le dijo al indígena que necesitaba algo más que su palabra; una señal del cielo para saber que todo era cierto, a lo que Juan Diego respondió:

"¿Qué clase de señal necesitas? En este mismo instante iré con la Reina del cielo y le pediré lo que me solicites".

El Obispo vaciló ante la resuelta actitud de Juan Diego y le dijo que dejaría que la Virgen escogiera la señal que debía mandarle. Acto seguido, Juan Diego salió del recinto episcopal y se dirigió hacia el Tepeyac, pero no iría solo, el Obispo había ordenado que lo siguieran un par de sus sirvientes para que vieran hacia dónde iba y con quién hablaba.

Casi al llegar al cerro, los sirvientes del Obispo perdieron de vista a Juan Diego, pareciera como si se hubiera esfumado de la faz de la tierra; no se encontraba en ningún lado, ni siquiera en la cima del cerro. Después de buscarlo y no habiéndolo hallado, lo consideraron un farsante y con gran molestia regresaron a la ciudad de México para relatar lo sucedido al Obispo.

Mientras los dos sirvientes del Obispo retornaban a la ciudad de México, Juan Diego se encontraba nuevamente en la cima del cerro, frente a la Virgen; le relató con gran pena que su mayor esfuerzo poco había sido para convencer al Obispo de su historia y su deseo, y le solicitó la prueba que el prelado necesitaba para poder edificar el templo, tal como era el deseo de la Santísima Virgen.

La Virgen sonrió y con tierna voz le respondió a Juan Diego:

"Hijo mío, está bien. Regresa mañana y le podrás llevar al Obispo la señal que necesita. De esta manera él creerá en ti y no dudará más de tus palabras".

Juan Diego se encaminó feliz y tranquilo a su casa, después de haber escuchado las palabras de la Virgen, pero la tragedia se presentaba nuevamente en su vida, ya que al llegar a casa de su tío, a quien había ido a visitar, lo encontró gravemente enfermo de "cocolixtle", una terrible fiebre que rara vez perdonaba la vida de sus víctimas.

Lo primero que hizo Juan Diego fue mandar por el médico, pero tras hacer éste su mayor esfuerzo, la condición de Juan Bernardino seguía empeorando, lo que determinó que el indígena no se separara de su tío durante el día y medio siguientes. Juan Bernardino suplicó a su sobrino que a la mañana siguiente se dirigiera a Tlatelolco a buscar un sacerdote para que le diera los santos óleos, así que, aproximadamente a las cuatro de la mañana, Juan Diego salió de su casa hacia Tlatelolco para cumplir el deseo de su tío.

Sin embargo, Juan Diego se sentía avergonzado por no haber acudido al llamado de la Virgen; dudaba sobre cuál sería el camino que debería tomar, pues si pasaba cerca del cerro como de costumbre, la Virgen lo vería y podría reclamarle, pero si tomaba el otro camino, perdería horas que resultaban valiosas dada la condición de su tío, así que decidió tomar el camino de costumbre.

Al pasar por el costado del Tepeyac apresuró sus pasos, pensó que de esa manera la bella Señora no lo vería, pero grande fue su sorpresa cuando al levantar la mirada vio como venía descendiendo del cerro, de pie, majestuosa, sobre una nube resplandeciente, la hermosa Señora, que al encontrarlo le preguntó:

"Hijo mío, ¿qué te sucede? ¿Hacia dónde te diriges?"

Juan Diego, invadido por la vergüenza de haberle fallado y tratando de controlarse, le contestó:

"Bella Señora, lo que te voy a decir seguramente afligirá tu corazón, pues mi tío, Juan Bernardino, se encuentra muy enfermo; la peste se ha apoderado de él y está muriendo, así que me dirijo a la ciudad de México para traer a un sacerdote, como él me lo ha solicitado, ya que quiere realizar su ultima confesión y que le den los santos óleos. Pero te prometo, bella Señora, que una vez que haya realizado esto, regresaré aquí y realizaré tu deseo.

"Te suplico me perdones y me tengas paciencia, no ha sido mi intención engañarte, te prometo de la manera más solemne que el día de mañana estaré aquí a primera hora".

La Virgen lo miró con la dulzura de la que sólo puede ser capaz una madre y le respondió con un mensaje que hasta la fecha sigue resonando en las almas de todos los mexicanos y todos aquellos que ponen en la Virgen sus más altas esperanzas:

"Mi querido hijo, escúchame y deja que mis palabras lleguen hasta tu corazón. No te preocupes ni te angusties con sufrimiento. No temas a ninguna enfermedad o molestia, ansiedad o dolor. ¿No estoy yo aquí que soy tu Madre? ¿No estás bajo mi sombra y protección? ¿No soy yo la fuente de tu vida? ¿No estás bajo los pliegues de mi manto? ¿Bajo el arropo de mis brazos? ¿Hay algo más que puedas necesitar? No permitas que la enfermedad de tu tío te agobie, porque él no morirá a causa de este mal, pues justo en este instante él ya está curado".

Fue tal el impacto del mensaje de la Virgen hacia Juan Diego, que justo en ese momento se levantó y ofreció ponerse en marcha con dirección a la casa del Obispo para llevarle la señal prometida, a lo que la Virgen respondió:

"Juanito... hijo mío, escala hasta la cumbre del cerro. En ese lugar donde me viste por primera vez, encontrarás muchas flores, éstas habrán crecido en el lugar que antes se hallaba árido: recógelas y regresa aquí para que me muestres lo que has reunido".

Juan Diego subió a la cima del cerro, y al llegar a la cúspide, se llenó de asombro al encontrar el terreno colmado de flores multicolores, incluyendo rosas de castilla, las cuales sólo se dan en suelo helado. Además de estar completamente florecidas, éstas habían crecido en un terreno que sólo daba cardos y cactus, pues era completamente pedregoso.

Aquellas flores todavía estaban cubiertas de gotas del rocío de la mañana. Juan Diego puso manos a la obra y extendiendo su tilma como una especie de canasta, comenzó a cortar las flores colocándolas ahí. Una vez terminada la labor, bajó hasta donde se encontraba la Señora y le mostró el contenido de su tilma; la Virgen contempló satisfecha las flores y arreglándolas cuidadosamente le dijo:

"Hijo mío, todas estas flores serán la prueba que llevarás al Obispo. Ve en mi nombre y dile que con ellas reconocerá mi deseo y que debe cumplir mi voluntad. Tú eres mi embajador, totalmente digno de mi confianza. Te ordeno que sólo abras tu tilma hasta que estés en su presencia, entonces le dirás todo lo que platicamos y cómo te envié a la cima del cerro a recoger estas hermosas flores, listas para ser cortadas. Dile todo lo que aquí has visto para convencerlo; dile que cumpla mi voluntad y construya en este lugar el Teocalli que anhelo".

Juan Diego inició el recorrido del cerro del Tepeyac a la ciudad de México, rumbo a casa del Obispo, cuidando con su vida el delicado y fragante contenido de su tilma. Esta vez, pensaba, el prelado tendría que creerle y ya no sufriría las burlas de los habitantes de la casa episcopal.

Al llegar a casa del Obispo se encontró con que los sirvientes salían notoriamente molestos, dispuestos a correrlo, pero Juan Diego se mantuvo impasible y con voluntad férrea solicitó ver al prelado, diciendo que esta vez llevaba la prueba que él mismo le había solicitado; sin embargo, ellos se negaron y azotaron las pesadas puertas de metal frente a su cara.

Más de una hora después, uno de los guardias se percató de que Juan Diego seguía en el mismo lugar donde le habían azotado la puerta, y además vio que éste sujetaba su tilma como si ocultara algo, por lo que le ordenó que la abriera, obteniendo una rotunda negativa de parte del indígena. El guardia, molesto, le dijo que lo iba a obligar a hacerlo. Tal era ya el escándalo, que otros dos prelados llegaron al lugar y convencieron a Juan Diego para que la abriera, pero sólo un poco. Los dos prelados, al ver la belleza y fragancia de aquellas flores, quedaron maravillados y trataron de arrebatárselas, pero las flores parecían derretirse en sus manos.

Este insólito hecho provocó que uno de los oficiales se apresurara a darle la noticia al Obispo, quien no sabía que Juan Diego había estado esperando una vez más, así que ordenó que fuera llevado hasta su presencia. Cuando Juan Diego llegó a donde estaba el Obispo, vio que éste se encontraba en compañía de personajes preponderantes, tales como el nuevo gobernante de México, Don Sebastián Ramírez. Juan Diego comenzó a relatar lo que había acontecido en el cerro del Tepeyac.

Nuevamente la plática estaba siendo traducida por el intérprete Juan González y una vez que el relato llegó a su fin, el emocionado Juan Diego soltó lentamente su tilma, las rosas comenzaron a caer de ella como si el arco iris se hubiera roto y cristales de colores fueran cayendo desde el cielo. Zumárraga quedó sin habla, ¡era la señal que le había pedido a la Virgen tiempo atrás! ¡La Virgen había escuchado sus plegarias! Las rosas yacían a sus pies formando un hermoso y fragante tapete multicolor, pero al levantar la vista, sintió que las fuerzas lo abandonaban, en la humilde tilma del indígena, se hallaba hermosamente plasmada una imagen de la Santísima Madre de Cristo.

El silencio se hizo general, las burlas de los sirvientes eran ahora motivo de remordimientos y todos los presentes estaban pálidos, como si hubieran visto una aparición cayendo súbitamente de rodillas. Juan Diego, atónito ante lo que estaba sucediendo, vio lo que se encontraba plasmado en su tilma y lleno de emoción, se dio cuenta de que era una réplica exacta de la bella Señora que había contemplado en el Tepeyac.

Zumarrága salió de su asombro y corrió a abrazar a Juan Diego pidiéndole disculpas por haber dudado de él. Acto seguido le rogó que se quedara en la casa episcopal a pernoctar, prometiendo que al día siguiente iría con él al sitio donde había visto a la Santísima Virgen. Zumárraga desató con mucho cuidado la tilma del cuello de Juan Diego y la llevó a su oratorio privado para poder admirarla con más detenimiento.

La noticia del portentoso hecho se corrió rápidamente por toda la ciudad y a la mañana siguiente, cuando la tilma era llevada ceremoniosamente a la Catedral, todo el pueblo había formado un gigantesco y jubiloso contingente que la siguió hasta su destino.

Al medio día, Juan Diego y los prelados fueron hasta el sitio de las apariciones, donde, tras algunos planes, decidieron que en ese lugar se iba a construir una pequeña capilla hasta que se pudiera edificar un templo más grande y a la altura de la Santísima Virgen.

Tras haber escuchado los planes del Obispo, Juan Diego emprendió la marcha hacia casa de su tío ya que tenía plena fe en las palabras de la bella Señora y deseaba con toda su alma verlo gozando de perfecta salud; pero no iría solo, ya que el Obispo insistió en que fuera acompañado por dos miembros de su guardia de honor, así que Juan Diego llegó hasta su pueblo como si fuera un héroe nacional.

Al llegar a Tolpetlac, la vista no pudo ser mejor pues se trataba de su tío completamente recuperado y descansando en el quicio de su puerta, quien al ver a su sobrino que se acercaba custodiado por los guardias del Obispo y varios frailes, se levantó para recibirlo. Muchas personas del pueblo se reunieron a su alrededor para escuchar la historia de labios del protagonista, su tío asentía como si ya supiera como había sucedido todo.

Al terminar de escuchar la historia de su sobrino, Juan Bernardino comenzó a relatar su propia historia pues tras la salida de su sobrino a buscar a un sacerdote, sentía que las fuerzas ya lo habían abandonado en su totalidad por lo que no podía tomar su medicina, así que asumió que el fin había llegado.

Fue en ese momento de resignación cuando aconteció el milagro, pues súbitamente la habitación se iluminó como si el sol estuviera brillando dentro de su humilde casa, y de la intensa luz emergió una bella Señora que emanaba una paz celestial. Justo en ese instante, ante la presencia de la Virgen, sintió que la fiebre lo abandonaba y las fuerzas regresaban a él.

Juan Bernardino se levantó rápidamente y cayó de rodillas ante la Virgen, quien le refirió que había visto a su sobrino y lo había mandado con el Obispo para llevarle una imagen suya impresa en su tilma, entonces le reveló el nombre con el cual quería ser conocida en el mundo entero.

Este nombre está rodeado de controversia pues el intérprete del Obispo entendió que Juan Bernardino quería decir "la siempre Virgen Santa María de Guadalupe". Guadalupe no tenía nada que ver con México o los mexicanos, pero en España existía un famoso santuario mariano. Este hecho dejó pasmado al obispo.

La palabra "Guadalupe" no existe en el náhuatl, además de que las letras G y D no se utilizan en esta lengua, por lo que es probable que Juan Bernardino haya dicho a González "Tequatlaxopeuh" que se pronuncia Tecuatlasupe. Se piensa que más tarde los españoles castellanizaron los vocablos y los adaptaron a "Guadalupe". Tequatlaxopeuh significa "vencedora del demonio" o "la que ahuyenta a los que nos comen".

Faltan argumentos y pruebas para poder decidir cuál de los nombres es el correcto, pero sin duda el más arraigado a nuestras costumbres y a la historia es Guadalupe, pero esto no quiere decir que sea el correcto.

Sin embargo, en el año de 1895, el profesor D. Mariano Jacobo Rojas, quien en ese tiempo fungía como director del Museo Nacional de Arqueología, Historia y Etnología, realizó un extenso estudio, al final del cual, no sin antes haberlo comprobado debidamente, afirmó que la palabra usada por la Virgen "Coatlaxo-peuh" que significa "la que vence, pisotea y aplasta a la serpiente".

El resultado del estudio del profesor Rojas fue corroborado por dos distintas autoridades en los años de 1936 y 1953; el significado de esa palabra también se refiere a la Inmaculada Concepción. Es de resaltar que los franciscanos de aquel tiempo, se referían a la Virgen como "la que aplasta la serpiente", y no sólo significaba que derrotaría al mal, sino que derrotaría y pisaría a la serpiente (de piedra), que como ya sabemos no es otra mas sino Quetzalcóatl.

IV

Consecuencias del milagro del Tepeyac

Tras las apariciones y posterior aceptación del milagro por parte de Fray Juan de Zumárraga, la tilma fue llevada entre una muchedumbre completamente conmovida por el milagro hasta la Catedral, lugar donde era venerada y admirada por muchísimas personas, las cuales corrieron la voz del suceso. Pronto todo el país supo de este hecho y los que podían acudían hasta la Catedral para verla.

Mientras tanto, se erigió una capilla temporal para que ahí pudiera ser venerada. Los voluntarios fueron muchos mexicanos y españoles que trabajando codo con codo, terminaron la construcción de la capilla en tan sólo dos semanas, mas fue el 26 de diciembre de 1531 cuando la imagen se trasladó hasta el Tepeyac, donde la esperaba un magnífico templo a la altura de la Virgen.

Ese día, salió de la Catedral un gran contingente encabezado por Zumárraga, el ambiente era de fiesta, incluso en el lago de Texcoco había embarcaciones adornadas con motivo del gran acontecimiento. Era tal el júbilo del momento, que un grupo de mexicanos lanzó flechas al viento y desdichadamente una de ellas fue a dar en la humanidad de un indígena que asistía al festejo.

El golpe de la flecha había sido certero, ya que se incrustó en el cuello del pobre indígena matándolo casi inmediatamente. Su cuerpo sin vida fue llevado hasta la capilla en el Tepeyac y colocado cuidadosamente ante la imagen de la Virgen; la multitud veía con espanto lo sucedido y uniendo sus voces, pidieron a la Virgen un milagro.

Minutos después, el hombre "muerto" abrió los ojos y se levantó completamente recuperado. La multitud llena de asombro empezó a vitorear el nombre de la Virgen, todo era fiesta y unos con otros comenzaron a congratularse: españoles y mexicanos se fundían en abrazos, como si nunca hubieran existido agravios por ninguno de los dos bandos.

Tras la ceremonia de inauguración de la capilla, se le dio a Juan Diego el cargo de cuidador de la misma, proporcionándole una habitación para que cambiara su residencia a ese lugar, y fue ahí donde Juan Diego pasó el resto de sus días al cuidado de la imagen de la Virgen.

Una parte importante del mensaje que Juan Diego ofrecía a los visitantes se refería a que la Virgen se había aparecido justamente en el lugar donde antes estaba el templo a la diosa Tonatzin. Este templo había sido destruido por Cortés para que se entendiera que el cristianismo venía a remplazar a la religión azteca.

Por varios años y debido a este hecho, los indígenas se referían ala Virgen como Tonatzin, que quiere decir "nuestra madre", pero esta sincera muestra de amor hacia ella, sería repudiada por algunos misioneros, quienes temían que esta expresión los llevara de nuevo al paganismo.

Si apreciamos el movimiento que hizo el Obispo al poner a Juan Diego como encargado de la capilla por fuera de la religión —y lo apreciamos como un excelente movimiento estratégico-religioso—, nos daremos cuenta del resultado de las apariciones y sus consecuencias; por ejemplo, al poner a Juan Diego en esa posición, lograron que un indígena (Juan Diego) que hablaba náhuatl y había adoptado la religión del hombre blanco, pudiera transmitir las bases de su fe a los demás indígenas, que por supuesto, habían de creerle debido a la gran reputación que había ganado tras las apariciones y el milagro.

Debido a la gran labor de Juan Diego para la Iglesia, los aztecas empezaron a convertirse al cristianismo por miles; los misioneros algunas veces tenían que ofrecer el bautismo hasta seis mil veces por día, lo que resultaba increíble para ellos, pero la única explicación posible era, primero, que Juan Diego los estaba iniciando cada vez que relataba la historia y les decía dónde habían sido las apariciones, y segundo, el hecho de que la imagen de la Virgen fuera morena (como ellos) y que les había hablado en su lengua, el náhuatl.

Fue en esta época que la Iglesia perdió más de 5,000,000 fieles debido a la reforma en Europa, pero tan sólo en el territorio mexicano, las conversiones sumaban más de 9,000,000 fieles, posiblemente la evangelización más grande de toda la historia.

El fenómeno de la conversión y sus causas lo podemos apreciar con mayor claridad en el comentario que el doctor Ibarra de Chilapa, quien era un famoso predicador del siglo XIX, expuso:

"Los misioneros antes del milagro del Tepeyac, obtenían muy pocos resultados, pues los naturales se resistían a dejar el paganismo, además de la dificultad de aprender varias lenguas, pero, después de la aparición de la Virgen, las conversiones se dieron con una rapidez asombrosa, cambiaban su salvaje modo de vida y adoptaban la fe con tal devoción que juraban nunca volver a derramar sangre alguna".

Como un hecho digno de recordar de esos años, para ser más exactos, en el año de 1552, por decreto papal se estableció en México la Universidad de México, la cual tenía el mismo nivel que la Universidad de Salamanca, en España.

Juan Diego después de las apariciones

Después de las apariciones, Juan Diego llevó una vida de austeridad y humildad. El Obispo Fray Juan de Zumárraga le había dado una concesión que no era común en esos días. Juan Diego podía recibir la comunión tres veces a la semana, sus semejantes lo apreciaban de manera diferente, reconocían en él a un hombre culto y sabio, debido a que llevaba una vida santa.

Se recogió el testimonio de un testigo cuyos abuelos habían conocido bien a Juan Diego y en él quedó asentado que siempre estaba ocupado en las labores de la Iglesia. Era muy puntual para asistir a misa, en la que casi siempre tomaba parte, era considerado un hombre santo por el resto de los indígenas y lo llamaban el peregrino porque siempre lo veían ir y venir a solas. Además, era considerado un puente entre la Virgen y los mortales, ya que sólo a él se le había aparecido la Virgen.

Un hecho por demás relevante es que a Juan Diego siempre se le vio haciendo penitencia. Otro suceso milagroso que se atribuye al indígena aconteció cuando Fray Juan de Zumárraga le pidió que le mostrara el lugar exacto donde se produjo la cuarta Aparición. Juan Diego, ya entrado en años, vaciló un poco y no recordaba con exactitud dónde se había producido el hecho, pero súbitamente de la tierra brotó un manantial, justo ante los ojos del prelado y el indio. Entonces, Juan Diego, recordó que había sido justo en ese lugar donde se había producido la cuarta Aparición.

La segunda Audiencia llevaba al país por buen camino, se habían acabado los abusos y excesos de la primera Audiencia y sus soldados. Se vivía un clima de tranquilidad y

Juan Diego seguía en su puesto, en la Capilla de la Santa Virgen de Guadalupe. En el año de 1544, a la edad de 84 años, la muerte alcanzó a Juan Bernardino; se dice que en su lecho de muerte volvió a encontrarse con la Virgen, es decir, tuvo el favor de que la Virgen se le volviera a presentar.

El Obispo Zumarrága ordenó que fuera enterrado bajo la Ermita. Se fue Juan Bernardino y lo siguió su sobrino, Juan Diego, el más pequeño de los hijos de la Virgen, como ella lo llamó, quien murió el 30 de Mayo de 1548 y que también tuvo otra aparición de la Virgen en su lecho de muerte.

La pequeña habitación que usaba Juan Diego en la capilla se volvió un oratorio y se colocó una placa en la cual decía:

"En este lugar, nuestra Señora de Guadalupe se apareció a un indígena de nombre Juan Diego, quien está enterrado en esta Iglesia."

El recuerdo de aquel indio siguió vivo en los corazones de todos los habitantes de México. El cariño que el pueblo guardaba a su memoria fue tal, que se piensa que entre los santos no canonizados existen pocos nombres más bellos o fructíferos que el de Juan Diego.

También en el año de 1548, Fray Juan de Zumárraga se encontraba seriamente enfermo, pero aún así, viajó hasta el poblado de Tepetlaoztoc donde dio bautismo y confirmación a más de 14,000 mexicanos. Tan grande labor minó seriamente su deteriorada salud y al regresar a la ciudad de México, cayó gravemente enfermo, y allí, en su lecho de muerte, le llegó la noticia del fallecimiento de Juan Diego.

También en su lecho de muerte, recibió la noticia de la muerte de Cortés, acaecida seis meses antes. Fray Juan de Zumárraga murió tres días después de aquel indígena que había traído al cristianismo a millones de mexicanos, pues sin las apariciones y la ayuda de Juan Diego, posiblemente la Iglesia no hubiera podido hacerse de tal cantidad de conversos.

V
La veneración por la Virgen a través de los siglos

L a ilusión de Fray Juan de Zumárraga era la de algún día poder construir un templo a la altura e importancia de la Virgen, pero la muerte llegó antes de poder llevar a cabo sus deseos. La Ermita donde la imagen era venerada, y que por cierto era conocida como la Ermita de Zumárraga, sufrió varias remodelaciones y modificaciones, pero lo que no había cambiado era que la imagen seguía colocada sobre la húmeda pared, donde era visitada, besada y tocada por los miles de fieles, sin que ésta sufriera daño alguno.

En el año de 1600, fue inaugurada una capilla cuyo tamaño era más apropiado y que en nuestros días es la sacristía de la Iglesia Parroquial. A este acto asistieron varios personajes de suma importancia, tales como el Virrey. En el año de 1622, la capilla sufrió una modificación al ser expandida para darle un tamaño más apropiado, pues la cantidad de fieles que acudían a contemplar la milagrosa imagen se estaba multiplicando con asombrosa rapidez.

La tilma del indígena fue llevada al nuevo recinto sin sufrir ningún deterioro, a pesar de que la delicada fibra del maguey con la que estaba confeccionada sólo tenía una vida aproximada de veinte años. Esta vez, la sagrada imagen es resguardada por un pequeño retablo con dos puertas de cristal dentro de las cuales yace la imagen; dos velos la guardan cuando no se está celebrando oficio alguno.

Hasta este momento no nos cabe duda del gran efecto que tuvo la imagen de la Virgen para lograr vencer a la religión pagana que practicaban los naturales del México antiguo, los aztecas, cuya escritura estaba apoyada en la pictografía (escritura basada en imágenes para designar palabras o personas).

A continuación les ofrecemos una descripción breve de la imagen de la Virgen vista desde los ojos de un indígena:

La Señora se encontraba frente al sol, indicaba a los aztecas que era aún más grande que su temido dios de la guerra, Huitzilopochtli. Aquella señora tenía su pie colocado sobre la serpiente a la que había derrotado, esto significaba que había derrotado a la serpiente emplumada, Quetzalcóatl.

Su manto tenía el color que la realeza azteca usaba para sus ropajes, por lo tanto le otorgaba el estado o derecho de ser una reina; sus manos se encontraban en posición de orar, por lo tanto ella no podía ser un dios, así que existía alguien con mayor envergadura que ella. Las estrellas de su manto, les indicaba que era más grande que las estrellas, sus antiguos dioses. Por último, la cruz de color negro que pendía de su cuello, era la misma que lucían los soldados españoles en sus cascos.

Todo lo anterior fue suficiente para lograr la rápida conversión a la fe cristiana de millones de mexicanos. En el año de 1560, el Papa Pío IV, hizo instalar una imagen de la Virgen en sus aposentos y regaló medallas con la imagen de la Virgen. Esto nos hace notar la importancia que tuvieron las apariciones de la Virgen de Guadalupe, ya que hasta la ciudad de Roma, sede del poder católico, había llegado la noticia de que en México se había aparecido la Virgen morena, la Madre de los mexicanos.

Entre los años de 1663 y 1666 se hicieron gestiones para que Roma diera mayor reconocimiento al la Santísima Virgen de Guadalupe, por lo que una comisión nombrada por el Virrey, el marqués de Mancera, tuvo por tarea recopilar evidencias suficientes para lograr que el Papa otorgara mayor reconocimiento a la Virgen.

Mientras tanto, en México, el fervor guadalupano crecía, por lo que la Iglesia que albergaba a la imagen ya resultaba insuficiente, así que un grupo de fieles se dio a la tarea de reunir fondos para edificar una iglesia aún más grande. Con la aprobación del Obispo, se decidió que el lugar indicado para el nuevo templo era donde se encontraba la iglesia.

Así, pues, se construyó una pequeña capilla a donde fue llevaba la imagen, y se dio inicio a la demolición del antiguo templo. La primera piedra fue colocada en el año 1695 y la construcción tomó más de catorce años. Su costo fue de más de $800,000 pesos para ser terminada en el año de 1709. La ceremonia inaugural fue el día 30 de abril.

Esta ceremonia fue un motivo de júbilo entre la población de la ciudad de México, a la que asistieron muchos personajes influyentes de la época, como el mismo Virrey. Durante todo este tiempo, los trámites siguieron su curso en la ciudad de Roma, pero el avance de éstos fue extremadamente lento.

La lentitud del proceso se debía, principalmente, a las esporádicas oposiciones de algunos miembros del Vaticano, pero tras la muerte del Papa, Clemente IX, en el año de 1670, se entorpeció aún más el proceso, pues muchos de los defensores de la causa se esfumaron junto con él.

Otro milagro habría de atribuírsele a la Virgen en el año de 1736, año en el cual la peste azotó al país. Las muertes habían alcanzado números escalofriantes: más de 750,000. Por ese motivo, las autoridades suplicaron a la Iglesia que nombraran a la Virgen la patrona nacional, lo que sucedió el 26 de Mayo de 1737, y la peste empezó a desaparecer.

Después de este hecho milagroso, la Iglesia mexicana ejerció más presión sobre Roma y mandó una comisión para que defendiera el caso. Dicha comisión había llegado a la conclusión, después de un meticuloso estudio de la imagen, que ésta comprendía una mezcla de todas las técnicas de pintura pero empleadas de tal manera que era humanamente imposible realizar una obra así.

Los testimonios y las conclusiones del estudio fueron enviados a Roma con un representante especial para apelar al Papa en persona, quien tras escuchar la historia y contemplar la réplica de la imagen que le habían llevado, rompió en llanto emocionado, y desoyendo las oposiciones y con la orden de apresurar todos los trámites, la causa guadalupana fue aceptada, decretando el día oficial el 12 de diciembre.

VI

Nican Mopohua

ste es el documento más antiguo que existe sobre las apariciones del Tepeyac. Se llama así porque "Nican Mopohua" quiere decir "aquí se narra", y esas son las primeras palabras del escrito. El Nican Mopohua fue escrito usando un lenguaje simbólico, por lo que además de las palabras, existe un significado más profundo y rico. Fue escrito aproximadamente un poco después o antes de la muerte de Juan Diego.

Esta hermosa obra se les atribuye a Don Antonio Valeriano (1540-1605), conocedor profundo del náhuatl y del castellano, mezcla aprendida durante los años de la conquista. Don Antonio logró plasmar el significado preciso de las palabras de Juan Diego, y muchos años después, el señor Mario Rojas Sánchez, quien era sacerdote de la diócesis de Huejutla, llevó a cabo una traducción y división del escrito en versículos.

A continuación haremos un resumen de este bello documento del pueblo mexicano.

Aquí se narra, se ordena, como hace poco, milagrosamente, se apareció la perfecta Virgen Santa María Madre de Dios, nuestra Reina, allá en el Tepeyac de renombre Guadalupe.

Primero se hizo ver de un indito, cuyo nombre era Juan Diego; y después se apareció su preciosa imagen delante de Don Fray Juan de Zumárraga.

1) Diez años después de ser conquistada la ciudad de México, cuando las flechas y los escudos ya estaban depuestos, cuando por todas partes ya había paz en los pueblos.

2) Así como brotó, ya verdece, ya abre su corola la fe, el conocimiento de Aquel por quien se vive: el verdadero Dios.

3) En aquella sazón, en el año de 1531, a los pocos días del mes de diciembre, sucedió que había un indito, un pobre hombre del pueblo.

4) Según se cuenta, vecino de Cuautitlán, su nombre era Juan Diego.

5) Y en las cosas de Dios, todo pertenecía a Tlatelolco.

La primera aparición

6) Era sábado, de madrugada, venía en pos de Dios y de sus mandados.

7) Al llegar cerca del cerrito llamado del Tepeyac, ya amanecía.

8) Oyó cantar sobre el cerrito, como el canto de muchos pájaros finos; al cesar sus cantos como que les correspondía el cerro, sobremanera suaves, deleitosos, sus cantos sobrepujaban los del coyoltotótl y del tzinítzcan y al de otros pájaros finos.

9) Se detuvo a ver Juan Diego. Se preguntó: ¿Por fortuna soy digno, soy merecedor de lo que escucho? ¿Quizá nomás estoy soñando? ¿Quizá solamente lo veo entre sueños?

10) ¿Dónde estoy, dónde me veo? ¿Acaso allá donde dejaron dicho los antiguos nuestros antepasados, nuestros abuelos: En la tierra de las flores, en la tierra del maíz, de nuestra carne, de nuestro sustento? ¿Acaso es la tierra celestial?

11) Hacia allá estaba viendo, arriba del cerrillo, del lado de donde sale el sol, de donde procedía el precioso canto celestial.

12) Y cuando cesó de pronto el canto, cuando dejó de oírse, cuando escuchó que lo llamaban, de arriba del cerrillo, le decían: "Juanito, Juan Dieguito".

13) Luego se atrevió a ir donde lo llamaban, ninguna cosa pasaba por su corazón ninguna cosa lo turbaba, antes bien se

sentía alegre y contento por todo extremo, fue a subir el cerrillo para ir dónde lo llamaban.

14) Y cuando llegó cuando subió a la cumbre del cerrillo, cuando lo vio una doncella que allí estaba de pie.

15) Lo llamó para que fuera cerca de ella.

16) Y cuando llegó cerca de ella, mucho admiró en qué manera, sobre toda ponderación aventajaba su perfecta belleza.

17) Su vestido relucía como el sol, como que reverberaba.

18) Y la piedra, y el risco en el que estaba de pie, como que lanzaba rayos.

19) El resplandor de ella como preciosas piedras, como ajorca (todo lo más bello parecía).

20) La tierra como que relumbraba con los resplandores del arco iris en la niebla.

21) Y los mezquites y nopales y las demás hierbecillas que allí se suelen dar, parecían como esmeraldas. Como turquesas parecía su follaje. Y en su tronco, sus espinas, sus aguates, relucían como el oro.

22) En su presencia se postró, escuchó su aliento y su palabra, que era extremadamente glorificadora, sumamente afable, como de quien atraía y estimaba mucho.

23) Le dijo: escucha, hijo mío, el menor, Juanito, ¿a dónde te diriges?.

24) Y él contestó: Mi Señora Reina, muchachita mía, allá llegaré, a tu casita de México-Tlatelolco, a seguir las cosas de Dios que nos dan, que nos enseñan quienes son las imágenes de nuestro Señor: nuestros sacerdotes.

25) Enseguida, dialoga con él, le descubre su preciosa voluntad.

26) Le dice: sábelo ten por cierto, hijo mío, el más pequeño, que yo soy la perfecta siempre Virgen Santa María, madre del verdaderísimo Dios por quien se vive, el creador de las personas, el dueño de la cercanía y la inmediación, el dueño del cielo, el dueño de la tierra, mucho quiero, mucho deseo que aquí levanten mi casita sagrada.

27) En donde lo mostraré, lo ensalzaré, al ponerlo de manifiesto.

28) *Lo daré a las gentes con todo mi amor personal, en mi mirada compasiva, en mi auxilio, en ni salvación.*

29) *Porque yo en verdad soy su Madre compasiva.*

30) *Tuya y de todos los hombres que en esta tierra están en uno.*

31) *Y de las más variadas estirpes de hombres, mis amadores, los que a mí clamen, los que me busquen, los que confíen en mí.*

32) *Porque allí escucharé su llanto, su tristeza, para remediar, para curar todas sus diferentes penas, sus miserias, sus dolores.*

33) *Y para realizar lo que pretende mi compasiva mirada misericordiosa, anda al palacio del Obispo de México, y le dirás cómo yo te envío, para que le descubras cómo mucho deseo que aquí me provea de una casa, me erija en el llano mi templo; todo lo contaras, cuanto has visto y admirado y oído.*

34) *Y ten por seguro que mucho lo agradeceré y lo pagaré.*

35) *Que por ello te enriqueceré y glorificaré.*

36) *Y mucho que allí merecerás que yo retribuya tu cansancio, tu servicio con el que vas a solicitar el asunto al que te envío.*

37) *Ya has oído, hijo mío, el menor, mi aliento, mi palabra: anda y haz lo que esté de tu parte.*

38) *E inmediatamente en su presencia se postró. Le dijo: Señora mía, niña, ya voy a realizar tu venerable palabra, por ahora de ti me aparto, yo, tu pobre indito.*

39) *Luego vino a bajar para poner en obra su encomienda: vino a encontrar la calzada la que viene derecho a México.*

40) *Cuando vino a llegar al interior de la ciudad, luego fue derecho al palacio del Obispo, que muy recientemente había llegado, gobernante, sacerdote, su nombre era Don Fray Juan de Zumárraga, sacerdote de San Francisco.*

41) *Y en cuanto llegó, luego hace el intento de verlo, les ruega a sus servidores, a sus ayudantes, que vayan a decírselo.*

42) *Después de pasado largo rato vinieron a llamarlo, cuando mandó el señor Obispo que entrara.*

43) *Y cuando entró, ante él se arrodilló, y luego le descubre, le cuenta el precioso aliento, la preciosa palabra de la Reina del*

cielo, su mensaje, y también le dice todo lo que admiró, lo que vio, lo que oyó.

44) Y habiendo escuchado toda la narración, su mensaje, como que no mucho lo tuvo por cierto.

45) Le respondió, le dijo: "hijo mío, otra vez vendrás, aun con calma te oiré, bien aun desde el principio miraré, consideraré la razón por la que has venido, tu voluntad, tu deseo".

46) Salió; venía triste porque no se realizó de inmediato su encargo.

47) Luego se volvió, al terminar el día. Luego de allá se vino derecho a la cumbre del cerrillo.

Segunda aparición

48) Y tuvo la dicha de encontrar allí a la Reina del cielo: allí, cabalmente donde la primera vez se le apareció, lo estaba esperando.

49) Y en cuanto la vio, ante ella se postró, se arrojó por tierra, le dijo:

50) "Patroncita, Señora, Reina, hija mía, la más pequeña, mi muchachita, ya fui a donde me mandaste a cumplir tu amable aliento, tu amable palabra, aunque difícilmente entré al lugar donde es el lugar del gobernante sacerdote, lo vi, ante él expuse tu aliento, tu palabra, como me lo mandaste".

51) "Me recibió amablemente y lo escuchó atentamente, pero, por lo que me respondió, como que no lo entendió, no lo tiene por cierto".

52) *Me dijo: "otra vez vendrás, aun con calma te escucharé; bien aun desde el principio veré por lo que has venido, tu deseo, tu voluntad".*

53) *"Bien en ello miré, según me respondió, que piensa que tu casa que quieres que te hagan aquí, tal vez yo nada más me lo invento, o tal vez que no es de tus labios".*

54) *"Mucho te suplico, Señora mía, muchachita mía, que alguno de los nobles, estimados, que sea conocido, respetado, honrado, le encargues que conduzca, que lleve tu amable aliento, tu amable palabra para que le crean".*

55) *"Porque en verdad yo soy un hombre de campo, soy mecapal, soy parihuela, soy cola, soy ala yo mismo necesito ser conducido, llevado a cuestas, no es el lugar de mi andar ni de detenerme allá a donde me envías, Virgencita mía, hija mía menor, Señora niña".*

56) *"Por favor dispénsame: afligiré con pena tu rostro, tu corazón, iré a caer en tu enojo, en tu disgusto, Señora y dueña mía".*

57) *Le respondió la perfecta Virgen, digna de honra y veneración:*

58) *"Escucha el más pequeño de mis hijos: ten por cierto que no son escasos mis servidores, mis mensajeros, a quienes encargue que lleven mi aliento, mi palabra, para que efectúen mi voluntad".*

59) *"Pero es muy necesario que tú, personalmente vayas, ruegues, que por tu intercesión se realice, se lleve a efecto mi querer, mi voluntad".*

60) *"Y mucho te ruego, hijo mío, el menor, y con rigor te mando que otra vez vayas mañana a ver al Obispo".*

61) *"Y de mi parte hazle saber, hazle oír mi querer, mi voluntad, para que realice haga mi templo que le pido".*

62) *"Y bien, de nuevo dile de qué modo yo, personalmente, la siempre Virgen Santa María, yo que soy la madre de Dios, te mando".*

63) *Juan Diego le respondió, le dijo: "Señora mía, Reina, muchachita mía, que no angustie yo con pena tu rostro, tu corazón;*

con mucho gusto iré a poner por obra tu aliento, tu palabra, de ninguna manera lo dejaré de hacer, ni estimo por molestia tu aliento".

64) Iré a poner en obra tu voluntad, pero tal vez no seré escuchado; y si fuera escuchado, quizá no seré creído.

65) Mañana en la tarde, cuando se meta el sol, vendré a devolver tu palabra, a tu aliento, lo que me responda el gobernante sacerdote.

66) Ya me despido de ti respetuosamente, hija mía la más pequeña, jovencita, Señora, niña mía, descansa otro poquito.

67) Y luego se fue él a casa a descansar.

68) Al día siguiente, domingo, bien todavía en la nochecilla, todo aun estaba oscuro; de allá salió, de su casa, se vino derecho a Tlatelolco, vino a saber lo que pertenece a Dios y a ser contado en la lista, luego para ver al señor Obispo.

69) Y a eso de las diez fue cuando estuvo preparado: se había oído misa y se había nombrado lista y se había dispersado la multitud.

70) Y Juan Diego luego fue al palacio del señor Obispo.

71) Y en cuanto llegó hizo toda la lucha por verlo, y con mucho trabajo otra vez lo vio.

72) A sus pies se hincó, lloró, se puso triste al hablarle, al descubrirle la palabra, el aliento de la Reina del cielo.

73) Que ojalá fuera creída la embajada, la voluntad de la perfecta Virgen, de hacerle, de erigirle su casita sagrada, en donde había dicho, en donde la quería.

74) Y el gobernante Obispo muchísimas cosas le preguntó, le investigó, para poder cerciorarse, donde la había visto, como era ella; todo absolutamente se lo contó.

75) Y aunque todo absolutamente se lo declaró, y en cada cosa vio, admiró que aparecía con toda claridad que ella era la perfecta Virgen, la amable, la maravillosa madre de nuestro Salvador, nuestro señor Jesucristo.

76) Sin embargo no luego se realizó.

77) Dijo que no sólo por su palabra su petición se haría, se realizaría lo que él pedía.

78) Que era muy necesaria alguna otra señal para poder ser creído cómo a él lo enviaba la Reina del cielo.

79) Tan pronto como lo oyó Juan Diego, le dijo al Obispo:

80) "Señor gobernante, considera cuál será la señal que pides, porque luego iré a pedírsela a la Reina del cielo que me envió".

81) Y habiendo visto el Obispo que ratificaba y que en nada dudaba, luego lo despacha.

82) Y en cuanto se va, luego les manda a algunos de los de su casa en los que tenía absoluta confianza, que lo vinieran siguiendo, que bien lo observaran a dónde iba, a quién veía, con quién hablaba.

83) Y así se hizo. Y Juan Diego vino derecho. Siguió la calzada.

84) Y los que lo seguían, donde sale la barranca cerca del Tepeyac, en el puente de madera, lo vinieron a perder. Y aunque por todas partes lo buscaron, ya por ninguna lo vieron.

85) Y así se volvieron. No sólo porque con ello se enfurecieron grandemente, sino porque también les impidió su intento, les hizo enojar.

86) Y así le fueron a contar al señor Obispo, le metieron en la cabeza que no le creyera, le dijeron cómo nomás le contaba mentiras, que nomás le inventaba lo que venía a decirle, o que sólo soñaba o imaginaba lo que le decía, lo que le pedía.

87) Y bien así lo determinaron que si otra vez por allí regresaba, allí lo agarrarían y fuertemente lo castigarían, para que ya no volviera a decir mentiras ni alborotar a la gente.

Tercera aparición

88) *Entre tanto Juan Diego estaba con la santísima Virgen, diciéndole la respuesta que traía del señor Obispo.*

89) *La que oída por la Señora le dijo:*

90) *"Bien está hijito mío, volverás mañana para que lleves al Obispo la señal que te ha pedido".*

91) *"Con esto te creerá y acerca de esto ya no dudará ni de ti sospechar".*

92) *"Y sábete, hijo mío, que yo pagaré tu cuidado y el trabajo y cansancio que por mí has emprendido".*

93) *"Ea, vete ahora, que mañana aquí te aguardo".*

94) *Y al día siguiente, cuando debía llevar Juan Diego alguna señal para ser creído, ya no volvió.*

95) *Porque cuando fue a llegar a su casa, a un su tío, Juan Bernardino, se le había asentado la enfermedad, estaba muy grave.*

96) *Aun fue a llamarle al médico, aun hizo por él, pero ya no era tiempo, ya estaba muy grave.*

97) *Y cuando anocheció, le rogó su tío que cuando aún fuera de madrugada, saliera para acá, que viniera a Tlatelolco a llamar al sacerdote para que fuera a confesarlo, para que fuera a prepararlo.*

98) *Porque estaba seguro de que ya era tiempo, ya el lugar de morir, porque ya no se levantaría, ya no se curaría.*

99) *Y el martes, siendo todavía muy de noche, de allá vino a salir de su casa, Juan Diego, a llamar al sacerdote.*

100) *Y cuando ya acertó a llegar al lado del cerrito terminación de la sierra, al pie, donde sale el camino, de la parte en que el sol se mete, en donde antes él saliera, dijo:*

101) *"Si me voy derecho por el camino, no vaya a ser que me vea esta Señora y, seguro, como antes me detendrá para que le lleve la señal al gobernante eclesiástico como me lo mandó...*

101) *"Que primero nos deje nuestra tribulación; que antes yo llame deprisa al sacerdote religioso, mi tío no hace mas que aguardarlo".*

103) Enseguida le dio vuelta al cerro, subió por en medio y de ahí, atravesando hacia la parte oriental, fue a salir, para rápido ir a llegar a México, para que no lo detuviera la Reina del cielo.

Cuarta aparición

104) Piensa que por donde dio la vuelta no lo podrá ver la que perfectamente a todos lados está mirando.

105) La vio cómo vino a bajar de sobre el cerro, y de allí lo había estado mirando, de donde antes lo veía.

106) Le vino a salir al encuentro de un lado del cerro, le vino a atajar los pasos; le dijo:

107) "¿Qué pasa, el más pequeño de mis hijos? ¿Adónde vas? ¿Adónde te diriges?"

108) Y él tal vez un poco se apenó, ¿o quizá se avergonzó? ¿O tal vez de ello se espantó, se atemorizó?

109) En su presencia se postró, la saludó, y le dijo:

110) "Mi jovencita, hija mía la más pequeña, niña mía, ojalá estés contenta. ¿Cómo amaneciste? ¿Acaso sientes bien tu amado cuerpecito, Señora mía, niña mía?"

111) "Con pena angustiaré tu rostro, tu corazón: te hago saber, muchachita mía, que está muy grave un servidor tuyo, tío mío...

112) "una gran enfermedad se le ha asentado, seguro que pronto va a morir de ella...

113) " y ahora iré deprisa a tu casita de México, a llamar a alguno de los amados de nuestro Señor, de nuestros sacerdotes, para que vaya a confesarlo y a prepararlo".

114) "Porque en realidad para eso nacimos, los que vinimos a esperar el trabajo de nuestra muerte".

115) "Mas, si voy a llevarlo a efecto, luego aquí volveré otra vez, para llevar tu aliento, tu palabra, Señora, jovencita mía".

116) "Te ruego me perdones, tenme todavía un poco de paciencia, porque con ello no te engaño, hija mía, la menor. Niña mía, mañana sin falta vendré a toda prisa".

117) En cuanto oyó las razones de Juan Diego, le respondió la piadosa perfecta Virgen:

118) "Escucha, ponlo en tu corazón, hijo mío el menor, que no es nada lo que te espantó, lo que te afligió; que no turbe nada tu rostro, tu corazón; no temas esta enfermedad ni ninguna otra enfermedad, ni cosa punzante, aflictiva."

119) "¿No estoy yo aquí que soy tu Madre?¿No estás bajo mi sombra y resguardo? ¿No soy yo la que es fuente de tu alegría?¿No estás en el hueco de mi manto, en el cruce de mis brazos?¿Necesitas algo más?"

120) "Que ninguna otra cosa te aflija, te perturbe. Que no te apriete con pena la enfermedad de tu tío, porque de ella no morirá por ahora, ten por cierto que ya sanó".

Quinta aparición

121) Y luego en aquel mismo instante sanó su tío, como después se supo.

122) Y Juan Diego, cuando oyó la amble palabra, el amable aliento de la Reina del cielo, muchísimo con ello se consoló, bien con ella se apaciguó su corazón.

123) Y él le suplicó que inmediatamente lo mandara a ver al gobernante Obispo, a llevarle algo de señal, de comprobación para que creyera.

124) Y la Reina celestial luego le ordenó que subiera a la cima del cerrito, en donde antes la veía.

125) *Le dijo: "Sube, hijo mío el menor, a la cumbre del cerrillo, a donde me viste y te di órdenes".*

126) *"Allí verás que hay variadas flores; córtalas, reúnelas, ponlas todas juntas, luego baja aquí, tráelas a mi presencia".*

127) *Y Juan Diego subió corriendo al cerrito.*

128) *Y cuando llegó a la cumbre, mucho admiró cuantas había, florecidas, abiertas sus corolas, flores de las más variadas, bellas y hermosas, cuando todavía no era tiempo.*

129) *Porque de veras que en aquella sazón arreciaba el hielo.*

130) *Estaban difundiendo un olor suavísimo; como perlas preciosas, como llenas de rocío nocturno.*

131) *Luego comenzó a cortarlas, todas las juntó, las puso en el hueco de su tilma.*

132) *Por cierto que la cumbre del cerrillo no era lugar en que se dieran ningunas flores, sólo abundaban los riscos, abrojos, espinas, nopales, mezquites.*

133) *Y si acaso algunas hierbecillas se solían dar. Entonces era el mes de diciembre, en que todo lo come, lo destruye el hielo.*

134) *Y enseguida vino a bajar, vino a traerle a la niña celestial, las diferentes flores que él había ido a cortar.*

135) *Y cuando las vio, con sus venerables manos las tomó.*

136) *Luego, otra vez se las vino a poner todas juntas en el hueco de su ayate, le dijo:*

137) *"Mi hijito menor, estas diversas flores son la prueba, la señal que llevarás al Obispo".*

138) *"De mi parte le dirás que vea en ellas mi deseo, y que por ello realice mi querer, mi voluntad".*

139) *"Y que mucho te mando con rigor que nada más a solas, en la presencia del Obispo, extiendas tu ayate, y le enseñes lo que llevas".*

140) *"Y tú, tú que eres mi mensajero... en ti absolutamente se deposita la confianza".*

141) *"Y contarás todo puntualmente, le dirás que te mandé que subieras a la cumbre del cerrito a cortar flores, y cada cosa que viste y admiraste".*

142) "Para que puedas convencer al gobernante sacerdote, para que luego ponga lo que está de su parte para que se haga, se levante mi templo que le he pedido".

143) Y en cuanto le dio su mandato la celestial Reina, vino a tomar la calzada, que viene derecho a México, ya viene contento.

144) Ya viene así sosegado su corazón, porque vendrá a salir bien, lo llevará perfectamente.

145) Mucho viene cuidando lo que está en hueco de la vestidura, no vaya ser que algo tire.

146) Viene disfrutando del aroma de las diversas y preciosas flores.

147) Cuando vino a llegar al palacio del Obispo, lo fueron a encontrar el portero y demás servidores del sacerdote gobernante.

148) Y les suplicó que le dijeran cómo deseaba verlo, pero ninguno quiso; fingían que no lo entendían, o tal vez por que aún estaba muy oscuro.

149) O tal vez porque ya lo conocían que nomás los molestaba, los importunaba.

150) Y ya les habían contado sus compañeros, los que lo fueron a perder de vista cuando lo siguieron el día anterior.

151) Durante muchísimo rato estuvo esperando la razón.

152) Y cuando vieron que por muchísimo rato estuvo allí, de pie, cabizbajo, sin hacer nada por si era llamado, y como que algo traía, lo llevaba en el hueco de su tilma; luego, pues, se le acercaron para ver que traía y desengañarse.

153) Y cuando Juan Diego vio que de ningún modo podía ocultarles lo que llevaba y que por eso lo molestarían, lo empujarían o tal vez lo aporrearían, un poquito les vino a mostrar que eran flores.

154) Y cuando vieron que todas eran finas, variadas flores y que no era el tiempo entonces de que se dieran, las admiraron mucho, lo frescas que estaban, lo abiertas que traían sus corolas, lo bien que olían, lo bien que parecían.

155) Y quisieron coger y tomar unas cuantas.

156) *Tres veces sucedió que quisieron cogerlas, pero de ningún modo pudieron hacerlo.*

157) *Porque cuando hacían el intento, ya no podían ver las flores, sino que, a modo de pintadas o bordadas, o cosidas en la tilma, las veían.*

158) *Inmediatamente fueron decirle al gobernante Obispo lo que habían visto.*

159) *Cómo deseaba verlo el indito que otras veces había venido y que hacía muchísimo rato que estaba allí aguardando el permiso, porque quería verlo.*

160) *Y el gobernante Obispo, en cuanto lo oyó, dio en la cuenta de que aquélla era la prueba que necesitaba para convencerlo, para poner en obra lo que solicitaba el hombrecillo.*

161) *Enseguida dio la orden de que fuera llevado ante él.*

162) *Y habiendo entrado, se postró ante él como ya lo había hecho antes.*

163) *Y de nuevo contó lo que había visto, admirado, y su mensaje.*

164) *Le dijo: "Señor mío, gobernante, ya hice, ya llevé a cabo según me mandaste".*

165) *"Así, fui a decirle a la Señora mi ama, la niña celestial, Santa María, la madre de Dios, que pedías una prueba para poder creerme, para que le hicieras su casita sagrada, en donde te pedía que la levantaras".*

166) *"Y también le dije que te había dado mi palabra de venir a traerte alguna señal, alguna prueba de su voluntad, como me lo encargaste".*

167) *"Y escuchó bien tu aliento, tu palabra, y recibió con agrado tu petición de la señal, de la prueba, para que se haga, se verifique su amada voluntad".*

168) *"Y cuando todavía era de noche, me mandó para que otra vez viniera a verte".*

169) *"Y le pedí la prueba para ser creído, según había dicho que me la daría, e inmediatamente lo cumplió".*

170) *"Y me mandó a la cumbre del cerrito a donde ya antes la había visto; para que allí cortara diversas rosas de castilla".*

171) *"Y cuando las fui a cortar, las fui a llevar allá abajo".*

172) *"Y con sus santas manos las tomó".*

173) *"De nuevo en el hueco de mi ayate las vino a poner".*

174) *"Para que te las viniera a traer, para que a ti personalmente te las diera".*

175) *"Y aunque bien sabía yo que no es el lugar donde se dieran flores la cumbre del cerrito, porque sólo hay abundancia de riscos, abrojos, huisaches, nopales, mezquites, no por ello dudé, no por ello vacilé.*

176) *"Cuando fui a llegar a la cumbre del cerrito miré que ya era el paraíso".*

177) *"Allí estaban ya perfectas todas las diversas flores preciosas, de lo más fino que hay, llenas de rocío, esplendorosas, de modo que luego las fui a cortar".*

178) *"Y me dijo que de su parte te las diera, y que ya así yo probaría; que vieras la señal que le pedías para realizar su amada voluntad".*

179) *"Y para que parezca que es verdad mi palabra, mi mensaje".*

180) *"Aquí las tienes, hazme el favor de recibirlas".*

181) *Y luego extendió su blanca tilma, en cuyo hueco había colocado las flores.*

182) *Y así como cayeron al suelo las variadas preciosas flores.*

183) *Luego allí se convirtió en señal, se apareció de repente la imagen de la amada perfecta Virgen María, madre de Dios, en la forma y figura en que ahora está.*

184) *En donde ahora es conservada en su amada casita, en su sagrada casita del Tepeyac, que se llama Guadalupe.*

185) *En cuanto lo vio el Obispo gobernante, y todos los que allí estaban, se arrodillaron, mucho lo admiraron.*

186) *Se pusieron de pie para verla, se entristecieron, se afligieron, suspenso el corazón, el pensamiento.*

187) *Y el Obispo gobernante, con llanto, con tristeza, le rogó, le pidió perdón por no luego haber realizado su voluntad, su venerable aliento, su venerable palabra.*

188) Y cuando se puso de pie, desató del cuello de donde estaba atada, la vestidura, la tilma de Juan Diego.

189) En la que se apareció, en donde se convirtió en señal la Reina celestial.

190) Y luego la llevó; allá a donde fue a colocar su adoratorio.

191) Y todavía allí pasó un día Juan Diego en la casa del Obispo, aún lo detuvo.

192) Y al día siguiente le dijo: "Anda, vamos a que muestres donde es la voluntad de la Reina del cielo que le erijan su templo.

193) De inmediato se convidó gente para hacerlo, levantarlo.

194) Y Juan Diego, en cuanto mostró en donde había mandado la Señora del cielo que se erigiera su casita sagrada, luego pidió permiso.

195) Quería ir a su casa para ver a su tío Juan Bernardino, que estaba muy grave cuando lo dejó para ir a llamar a un sacerdote a Tlatelolco para que lo confesara y lo dispusiera, de quien le había dicho la Reina del cielo que ya había sanado.

196) Pero no lo dejaron ir solo, sino que lo acompañaron a ver a su tío.

197) Y al llegar vieron a su tío que ya estaba sano, absolutamente nada le dolía.

198) Y él, por su parte, mucho admiró la forma en que su sobrino era acompañado y muy honrado.

199) Le preguntó a su sobrino por qué así sucedía, el que mucho lo honraran.

200) Y él le dijo cómo, cuando lo dejó para ir a llamarle a un sacerdote para que lo confesara, lo dispusiera, allá en el Tepeyac se le apareció la Señora de cielo.

201) Y lo mandó a México a ver al gobernante obispo, para que allí le hiciera una casa en el Tepeyac.

202) Y le dijo que no se afligiera, que ya su tío estaba contento, y que con ello mucho se consoló.

203) Le dijo su tío que era cierto, que en aquel preciso momento lo sanó.

204) Y la vio exactamente en la misma forma en que se le había aparecido a su sobrino.

205) Le dijo cómo a él también lo había mandado a México a ver al Obispo.

206) Y que también cuando fue a verlo, que todo absolutamente le descubriera, le platicara lo que había visto.

207) Y la manera maravillosa en que lo había sanado.

208) Y que bien así la llamaría, bien se nombraría: "La Perfecta Virgen Santa María de Guadalupe", su amada imagen.

209) Y luego trajeron a Juan Bernardino a la presencia del gobernante obispo, lo trajeron a hablar con él, a dar testimonio.

210) Y junto con su sobrino Juan Diego, los hospedó en su casa el Obispo unos cuantos días.

211) En tanto que se levantó la casita sagrada de la niña Reina allá en el Tepeyac, donde se hizo ver de Juan Diego.

212) Y el señor Obispo trasladó a la Iglesia Mayor la amada imagen de la amada niña celestial.

213) La vino a sacar de su palacio, de su oratorio donde estaba, para que todos la vieran, la admiraran, su amable imagen.

214) Y absolutamente toda esta ciudad, sin faltar nadie, se estremeció cuando vino a ver, a admirar su preciosa imagen.

215) Venían a reconocer su carácter divino.

216) Venían a presentarle sus plegarias.

217) Mucho admiramos en qué milagrosa manera se había aparecido.

218) Puesto que absolutamente ningún hombre de la tierra pintó su sagrada imagen.

Y es así como termina este relato, el cual fue escrito por Don Antonio Valeriano, quien, tras la muerte de Juan Diego, fue el encargado de firmar su acta de defunción, además de ser una de las personas más cercanas al fenómeno guadalupano.

Dando así validez al relato del indígena de Cuautitlán, acabamos de presentarle el que, quizá, sea el relato más apegado a los hechos y a la realidad, a las apariciones y milagro guadalupanos.

Es posible que Don Antonio Valeriano sea el testigo más veraz y enterado de todo lo que aconteció con Juan Diego, además de ser un respetado miembro de la comunidad.

VII

El caso: Juan Diego

Aunque muchos miembros de la Iglesia Católica están convencidos de la existencia y santidad de Juan Juan Diego, prevalece otro "bando" que piensa que todo esto es un muy bien organizado fraude; sin embargo, existen muchas pruebas y documentos históricos que demuestran que no es así.

La institución eclesiástica encargada de revisar y certificar cualquier propuesta para canonización o beatificación es la Congregación de la Causa de los Santos, fundada el día 2 de mayo de 1968. Este organismo no es un jurado fácil y predispuesto, sino todo lo contrario, se trata de un grupo de grandes estudiosos con mayor inclinación hacia el escepticismo y la incredulidad.

La cautela con la que trabaja la Congregación es sumamente delicada, pues de su veredicto se desprenden las futuras declaraciones y acciones del Papa en cuanto a canonizaciones y beatificaciones se refiere.

Uno de los más importantes documentos que comprueban la existencia de Juan Diego, es el testamento de Juana García, el cual se encuentra en el Archivo del Cabildo de la ciudad de Puebla. Este documento data del año 1559 y en él se hace referencia al indio Juan Diego.

Otra prueba palpable es la construcción de la que fuera la casa de Juan Diego, de la que quedan sólo ruinas, las cuales se localizan en el templo de Nuestra Santísima Virgen María, ubicado en un lugar conocido también como "el cerrito".

Entre los documentos escritos que existen, podemos mencionar cuatro categorías:

a) *Los Códices*: Son documentos escritos que contienen dibujos estilizados, los cuales representan ideas o sucesos y suelen estar acompañados por datos del calendario, números y algunos animales.

b) *Los Anales*: Son relaciones escritas durante el tiempo de la Colonia, usando el alfabeto que conocemos, para narrar hechos contemporáneos o pasados.

c) *Los Lienzos*: Son documentos impresos en tela de algodón u otras fibras, así como algunas pieles, dibujados al óleo o en acuarela, en los cuales se representan temas históricos o algún otro tema de importancia. Los españoles solían llamarles *mapas*.

d) *Los Cantares*: Son cantos, por lo general compuestos por indígenas de renombre, para honrar a sus héroes o alguna batalla. Se les considera un relato vivo de la tradición.

A continuación mencionaremos algunos de los documentos en los que se avala la existencia de Juan Diego, todos ellos contemporáneos al indígena, por lo que se les considera una prueba irrefutable de su existencia.

Teponaxcuitl

Éste es un cantar compuesto con toda seguridad cuando la imagen era llevada a su primer recinto. La primera capilla, edificada en tan sólo dos semanas, es atribuida a Francisco Plácido. En este documento se hace mención de Juan Diego y las apariciones.

Volante de Zumárraga

Este documento no tiene fecha; fue escrito por Fray Juan de Zumárraga y está dirigido a Hernán Cortés, probablemente unos días después de la última aparición, muy cerca del 24 de diciembre de 1531. Aquí, Zumárraga le relata a Cortés el suceso acontecido en el Tepeyac.

Los siguientes son documentos de origen escrito, de manera directa, probando una vez más que, Juan Diego, realmente existió.

Testamento en lengua Náhuatl de Juana Martin

Este documento, en el cual se menciona a Juan Diego, data del 11 de marzo de 1559 y tiene como finalidad el legado de las tierras de la testamentaria a la Santísima Virgen de Guadalupe.

Nican Mopohua

Escrito por Antonio Valeriano, el documento está escrito en náhuatl y fue realizado en el siglo XVI. Es una hermosa narración de los hechos acontecidos en el Tepeyac.

Ixtlamatque tlaxcaltectl

Este documento corresponde al siglo XVI y fue escrito en náhuatl por un autor desconocido. Aquí se menciona que el indígena Juan Diego falleció en el año de 1548 y que a él fue a quien se le apareció la Virgen.

Anales de Tlaxcala

En este documento del siglo XVI, escrito en náhuatl y de autor desconocido, se relatan las apariciones de la Virgen a Juan Diego.

Nican Motecpana

Don Fernando de Alba Ixtlixóchitl, mestizo, es el autor de este escrito donde se narran los milagros concedidos hasta ese entonces por la Santísima Virgen de Guadalupe. En sus últimas páginas relata la vida de Juan Diego desde su origen hasta la madurez.

Testamento de Juan Diego

Este documento se encuentra extraviado, pero se sabe de su existencia gracias al inventario que realizó en 1745, don Patricio Antonio López, quien fue designado para organizar el archivo del gran historiador Don Lorenzo Boturini.

El Códice 1548

El Códice 1548 está por ser regresado a la Iglesia Católica gracias a que una familia mexicana lo encontró en un libro como si fuera un separador. El 14 de abril se anunció que sería regresado al Museo de la Basílica.

Los hechos importantes de este códice son los siguientes:

a) Dice en náhuatl: "Cuatlatoatzin se hizo ver por la madrecita amada, nuestra niña de Guadalupe".
b) "... murió con dignidad Cuatlatoatzin".
c) La corona no estaba, fue añadida años después de su creación.

d) Aquí se constata el nombre indígena de Juan Diego, el cual sólo se conocía en la obra de Sigüenza.

También podemos constatar la vida del próximo santo Juan Diego por medio de las fuentes históricas —que por cierto son tres— de las que podemos obtener información, por ejemplo:

1. El Nican Mopohua, del cual ya hablamos previamente, y es considerado uno de los documentos más importantes para la causa guadalupana.
2. Los documentos escritos por el clero de aquella época, sobre todo los análisis efectuados a la tilma de Juan Diego. Estos análisis fueron realizados por tres pintores y tres protomédicos, además de que se encontró un escrito con la descripción completa de las apariciones de la Virgen a Juan Diego.
3. Aparte está la tradición oral de la historia guadalupana, de donde se han recogido y unificado los más de veinte testimonios de los testigos del hecho, el cual lleno de emoción, Fray Juan de Zumárraga debió comentar con las personas que él consideraba que debían saber. Por lo tanto la tradición oral juega un papel muy importante en la comprobación de la existencia de Juan Diego.

Sin embargo, a pesar de que existen muchas fuentes de información para comprobar la veracidad de la vida de Juan Diego, existen muchas personas que ponen en duda la existencia de este futuro Santo mexicano.

La imagen de la Virgen en la tilma

Es indudable que la imagen de la Virgen en la Tilma está llena de misterios. Unos dicen que es un fraude, que fue hecha por el hombre y otros, que la tilma es realmente un misterio para la ciencia. A continuación le daremos una descripción de cada uno de los aspectos que conforman el misterio de la tilma del indio Juan Diego.

La fabricación y textura del lienzo

La textura de la tilma, donde tuvo a bien la Santísima Virgen plasmar su imagen, es en sí un misterio, ya que está elaborada con fibra de agave popotule. Esta fibra también conocida como "istle", cuyo significado es "copo de maguey", se usa para confeccionar telas rudimentarias, como en el caso de la tilma de Juan Diego.

La tilma es el resultado de la unión de dos piezas de tela unidas al centro que miden 1.68 mts. X 1.3 mts. Están unidas por un frágil hilo de algodón; aquí debemos hacer notar que esta costura no atraviesa el rostro de la Virgen, ni el del ángel que está a sus pies.

Otro detalle para admirar es la duración y conservación del ayate, pues esta tela tiene una vida relativamente corta, y hasta el momento lleva ya más de 469 años cuando la vida útil de este material es de más o menos 20 años.

La razón por la que la costura no atraviesa el rostro de la Virgen y del ángel es simplemente porque los dos están inclinados ligeramente hacia la izquierda. Esto nos hace pensar en que la Virgen realmente pensó en todo.

Un dato curioso en relación con la duración de la imagen y el lienzo es el hecho de que, en 1789, el Dr. José Ignacio Bartolache realizó una réplica de la imagen de la Virgen utilizando un lienzo de iguales propiedades, sin embargo, esta réplica no resistió mucho tiempo a la intemperie, mientras que la imagen de la Santísima Virgen ya tiene más de 468 años.

¿La imagen es una gran pintura o un milagro?

La naturaleza de esta imagen es muy similar a la de la llamada "Sábana Santa", el sudario de Turín, pues ambas

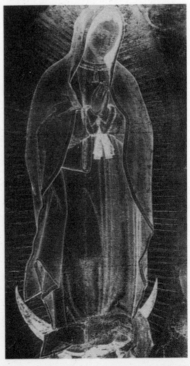

imágenes son el resultado de algún fenómeno inexplicable, es decir, que no fueron hechas por la mano del hombre, lo que ha dado lugar a que se les realicen numerosos exámenes, como los efectuados por los norteamericanos Smith y Callahan.

Estos científicos utilizaron una técnica de su dominio que implicaba la fotografía infrarroja, la cual era empleada, sobre todo, para el estudio de las pinturas antiguas, y que al estudiar con ella a la imagen de la Virgen, se abrieron las puertas para descubrir algunos de los misterios que encierra la tilma.

La razón por la cual se eligió esta técnica para el estudio de la imagen de la Virgen de Guadalupe es porque los pigmentos vegetales son invisibles a la luz infrarroja, y en fotografías blanco y negro tomadas con la luz infrarroja, dan tonos claros.

Si en la tilma se hubieran hecho ensayos o correcciones, con esta magnifica técnica podrían apreciarse fácilmente pues la primera capa desaparecería con la luz infrarroja. Así que dispusieron todo para llevar a cabo la misión Guadalupe.

Los resultados de los estudios fueron los siguientes:

El color dorado de los rayos de la imagen es realmente oro metálico; se muestra en un color opaco con los rayos infrarrojos. El pigmento de lo amarillos de las estrellas es en realidad un pigmento desconocido; se cree que pudiera ser ocre natural y otros químicos.

83

Los detalles del moño y la luna fueron pintados sobre el original, y se puede observar que están escarapelándose y que el material empleado fue óxido negro de hierro.

El oro y el borde negro del manto fueron añadidos después por manos humanas; pero el azul del manto es sorprendente pues es original, aplicando un pigmento azul casi transparente y de origen desconocido.

Uno de los detalles más sorprendentes en la tilma de la Virgen es que no tiene barniz o sustancia que proteja la imagen, sin embargo, el manto y la túnica están tan brillantes como si los acabaran de pintar.

Otra modificación que se descubrió en la tilma fueron las manos, pues los dedos de la Virgen fueron acortados para darle algo de uniformidad al cuadro, o más bien, para convertir sus manos en manos indígenas. Esto refleja el criterio que se manejaba sobre la tilma, pues se consideraba más una obra de arte, que una obra de Dios.

El rostro se hizo utilizando diversos pigmentos desconocidos, los cuales fueron aplicados de tal manera que, al aprovechar la refracción de la luz, se presenta el tono oliva de la piel. En resumen, el estudio de los científicos aporta que la imagen original resulta ser inexplicable. No fue hecha por la mano del hombre.

Los ojos de la Virgen

La historia detrás de los descubrimientos en los ojos de la imagen de la Santísima Virgen de Guadalupe, es algo especial, pues cierta noche, el señor Carlos Salinas Chávez se encontraba trabajando y revisaba una imagen de la Virgen empleando una lupa.

Cuán grande sería la sorpresa de don Carlos al descubrir que en uno de los ojos de la Virgen se podía distinguir un busto. El dibujante identificó de inmediato a la imagen como la de Juan Diego y aún sorprendido llamó a uno de sus compañeros, quien también verificó el descubrimiento. Más tarde llamarían a un grupo de oftalmólogos, los cuales estudiarían con las herramientas propias de su trabajo los ojos de la Guadalupana.

Tras haber examinado la imagen, se determinó que en los dos ojos se presentaba un fenómeno llamado "imágenes de *purkinje*", que produce la sensación de profundidad del ojo al apreciarse el reflejo de una imagen en las corneas del mismo.

En el ojo derecho se encontró lo siguiente:

1) En el interior de la cornea se aprecia la imagen de un hombre barbado.
2) Esta figura se puede apreciar sin utilizar aparato alguno, pero si se desea apreciar de mejor manera, puede emplearse una lupa.

En el ojo izquierdo se encontró lo siguiente:

1) En el exterior de la cornea se puede apreciar la misma figura que en el ojo derecho, pero se encuentra desenfocada.
2) Esta figura se puede apreciar sin utilizar aparato alguno, pero si se desea apreciar de mejor manera, puede emplearse una lupa.

En los dos ojos se encontró lo siguiente:

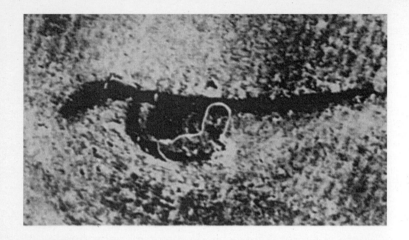

1) Desde el punto de vista oftalmológico podemos decir que la colocación de las figuras que se reflejan en el interior del ojo es la correcta, pues debido a la inclinación de la cabeza y la distancia, las imágenes deberían aparecer exactamente donde están.

2) La ciencia pudo certificar que hay una imagen de un busto humano, en un par de ojos vivos, y el desenfoque en el ojo izquierdo se debe a la posición del ojo cuando se hizo la impresión.

Muchos años después, el doctor José Aste Tönsman, de origen peruano, se dispuso a buscar más imágenes dentro del ojo, pues suponía que la retina habría guardado la imagen exacta de cuando se había presentado el fenómeno.

Gracias a la computación y sus recursos digitales, y utilizando varias fotografías tomadas de la imagen original, se pudo poner en marcha este ambicioso estudio.

Las imágenes tuvieron que ser ampliadas por más de 3000 veces, ya que éstas son tan pequeñas que sólo de esta manera pudieron ser detectadas, y las conclusiones de este nuevo estudio fueron las siguientes:

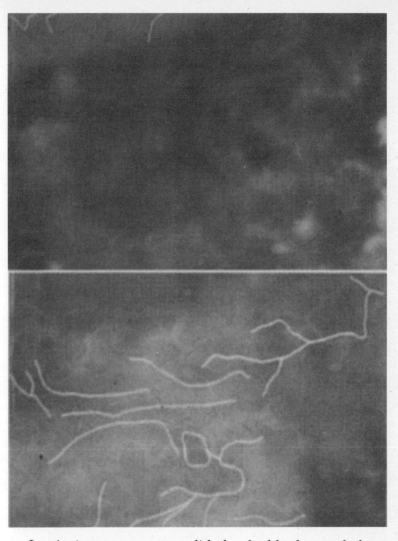

- Las imágenes son una realidad palpable dentro de los ojos de la imagen de la Virgen.
- Podemos asegurar que las imágenes se presentan en ambos ojos en condiciones parecidas a las que se presentarían en los ojos de una persona viva.
- Resultaría imposible, aun con la tecnología más moderna, el pintar unas imágenes tan pequeñas en un espacio

tan reducido.

- Las imágenes que aparecen aquí concuerdan con los personajes que se mencionan en el Nican Mopohua.

Otro descubrimiento interesante fue el hecho de que los ojos tienen ramificaciones venosas, por lo tanto son ojos que estuvieron vivos, lo cual ha incrementado el misterio alrededor de la tilma del indio Juan Diego.

Otra aseveración que podemos examinar es el hecho de que ningún pintor habría podido pintar la imagen de la Virgen, aunque muchos individuos piensen que es un fraude y pongan en duda su origen divino.

Sin embargo, el señor Francisco Camps Rivera, quien era curador y experto en arte pictórico, nos informa lo siguiente:

"No se pudo encontrar huella alguna de pincel, ni la tela fue preparada para pintar. Y ningún artista humano hubie-

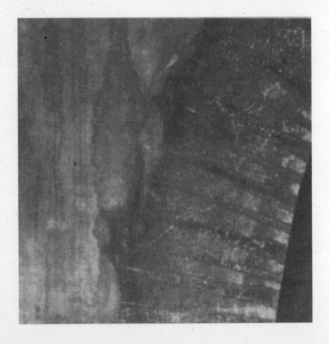

ra escogido, para realizar esta bella obra, la rudeza de la tela de maguey pues posee una calidad muy pobre para poder pintar, y mucho menos con una costura al centro.

"La experiencia que he acumulado en mis años de práctica, me hubieran permitido detectar si la imagen es óleo,

pastel, temple, acuarela o cualquier otro tipo de técnica, pero a pesar de toda mi experiencia, no he podido determinar cómo fue realizada".

Como hecho digno de destacar debemos mencionar que, en 1936, el Abad de la Basílica de Guadalupe, regaló algunos hilos de la tilma a un sacerdote para su relicario, pero éste último llevó los hilos a un químico de nombre Richard Jun, quien determinó que las fibras no estaban coloreadas, sino que eran de ese color.

En el año de 1836 la imagen sufrió un accidente, pues los empleados que limpiaban el marco de la imagen estaban utilizando ácido nítrico para su trabajo, y en un descuido, derramaron un poco de él directamente sobre la tilma. El ácido comenzó su reacción química produciendo una espuma tras la cual la superficie debía de haberse disuelto, pero, para su sorpresa, no sufrió daño alguno, sólo una pequeña mancha que se ha ido desapareciendo con el tiempo.

Además, la tilma pudiera ser un códice, pues está llena de grafías y símbolos náhuatls, así como el manto, que tiene en el diseño de sus estrellas, al parecer, todo un plano de constelaciones. Es por esta información que la imagen no pudo ser realizada por mano humana. Esto deja sólo una posibilidad: es de origen divino.

VIII

La pictografía en la imagen de la Virgen de Guadalupe

La imagen de la Virgen de Guadalupe no corresponde a la de una mujer del estilo europeo del siglo XVI, pero existen evidencias de que la imagen en la tilma corresponde a un códice. En esta parte del libro pondremos a su consideración lo varios elementos que sostienen esta teoría, la cual no es nueva, ya que el párroco Mario Rojas Sánchez lo había hecho notar mucho tiempo atrás.

Según el párroco Rojas Sánchez, las flores de la tilma representan el símbolo Téptl-Cerro, las cuales de acuerdo a su ubicación deben corresponder a un mapa de la zona donde se llevó a cabo la aparición. En el vientre de la Virgen se encuentra otra flor, la cual es llamada Nahui Ollin, y siguiendo la teoría del mapa, ésta debería representar el centro del mapa, lo que podría significar que representa a la antigua Tenochtitlan.

Las dos mangas de la Virgen tienen las grafías de una montaña con algo blanco. Hay un símbolo en cada manga, por lo que deben de representar a los dos volcanes que custodian el Valle de México: el Popocatépetl y el Iztaccíhuatl. Otra de estas grafías se puede encontrar arriba de las mangas, por lo que se presume puede ser el volcán de "la Malitzin".

También se encuentran referencias al Cerro de la Estrella y al Pico de Orizaba y a la izquierda de la cruz se puede observar el Cofre de Perote. La Sierra Madre Oriental se distingue en la cabeza de la Virgen, y el Océano Pacífico está en la zona donde se encuentra el ángel, a los pies de la Virgen.

Esto nos hace preguntarnos: ¿Cuál sería la intención de la Virgen al aparecer con esos símbolos en su túnica? La respuesta parecería simple, pues podría ser una manera fácil de mostrar a los indígenas mexicanos el significado de su mensaje; una especie de Catecismo pictórico que los indígenas pudieran entender sin tener que escucharlo de la boca de los españoles.

Los antiguos aztecas entendían el significado de un símbolo con sólo verlo, por eso lo más coherente sería que la Virgen, con toda su sabiduría, empleara ese método de comunicación para poder explicarles qué era lo que había sucedido y por qué.

Sin embargo, a continuación, iremos definiendo zona por zona toda la imagen de la Virgen con su respectiva interpretación. Esto podría aclarar algunos misterios en torno a los símbolos que se encuentran en la imagen de la Santísima Virgen de Guadalupe.

El cosmos

La ideología de los aztecas está íntimamente ligadas al sol, la luna y las nubes, ya que estos símbolos los relacionaban con el universo, por lo que los mismos símbolos en la tima de la Virgen les presentan esa idea de divinidad. En la imagen existen 139 rayos de luz que rodean a la Virgen y por eso los aztecas consideraban que la Virgen de Guadalupe había salido directamente del sol. Recordemos que el sol era su dios principal y la fuente de la vida.

También la luna era una de sus deidades, aunque representaba la terminación de un ciclo. La imagen de la tilma es la unión de lo terrenal con lo divino, pues conjunta al sol, la luna y la tierra representada por las imágenes de la túnica de la Virgen.

Los colores

La cultura azteca era en sí una fiesta multicolor, sin embargo, en realidad, sólo había cuatro colores para ellos, cuya unión significaba armonía, perfección y abundancia. Estos cuatro colores son: verde jade, rosa mexicano, blanco y negro, y se pueden encontrar en la tilma de Juan Diego.

La presencia de los cuatro colores era frecuente en los templos más importantes de la antigua cultura azteca, tales como en el del Sol y el de la Luna en Teotihuacan, además de que se utilizaban para representar a los reyes y dioses en los códices.

El rostro de la Virgen

Los indígenas se sintieron más convencidos de la veracidad de las apariciones a Juan Diego después de constatar que el rostro de la Virgen es el de una mujer indígena y no el de una mujer europea. Pero poniendo más atención en la pigmentación de la piel de su rostro, nos daremos cuenta que el color de su piel corresponde más al de una mujer mestiza.

Podemos considerar su rostro como el anuncio de una nueva raza que habría de darse en México: la mezcla de españoles y mexicanos. Al tiempo de la llegada de los españoles y por mucho tiempo después, el país estaba tenso bajo las disputas de poder entre españoles y mexicanos, pero la aparición de la Virgen logró calmar los ánimos, y al ver el rostro de la Virgen podemos darnos cuenta de que más bien se trata de una predicción.

Las manos de la Virgen

Es sabido que la oración religiosa es una poderosa herramienta para la vida diaria, además de acercarnos al Creador. Esto es un hecho científicamente comprobado, pues al comenzar a orar, la energía del individuo cambia de frecuencia, o como se dicen coloquialmente, cambia de vibración.

Las manos de la Virgen se encuentran en esa posición, pero, curiosamente, tienen distintas coloraciones de piel, ya que una es morena (izquierda), mientras que la otra es casi blanca (derecha). Se podría decir que es otra muestra de los deseos de la Virgen, quien seguramente oraba por la unificación de las dos razas.

Las flores de la túnica

La túnica de la Virgen está llena de flores estampadas, pero no son de tipo europeo, mas bien son flores que los aztecas conocían bien: son símbolos aztecas. En su túnica podemos encontrar grafías de montañas, ríos, cerros, corazones, etcétera, que eran símbolos que los aztecas identificaban bien y podían entender.

Existe la teoría de que estas flores representaban un mapa de México y el lugar en donde se dieron las apariciones, pero también podrían significar el carácter divino de la Virgen, pues algunas de ellas significaban la pureza de corazón, nobleza y amor. Podemos encontrar una flor de cuatro pétalos justo debajo del moño que hace la cinta que ajusta su cintura; su ubicación es muy significativa ya que los aztecas consideraban que el ombligo era el centro de todo, además de ser un importante centro energético del cuerpo. Esta flor era llamada "Nahui Ollin" y su ubicación en el manto de la Virgen bien podría representar la verdadera divinidad de la Virgen, pues en su vientre llevaba un símbolo de Dios.

El broche de su capa

Justamente donde se unen los dos tirantes que sujetan la capa de la Virgen, se encuentra un símbolo que debió de haber llamado la atención de Juan Diego inmediatamente, pues se trata de la cruz, que, en la simbología azteca, no es otra que la flor de cuatro pétalos.

Pero Juan Diego debió de haber visto el mismo símbolo en las velas de las naves españolas, así como en los cascos de los conquistadores. Esto debió de haber tenido un profundo impacto en la respuesta de los indígenas, pues se conjuntaban sus símbolos y la nueva fe que les traían los extranjeros.

El ángel a los pies de la Virgen

El ángel a los pies de la Virgen fue otro punto de unión entre la ideología europea y azteca. Los europeos ven al ángel como un mensajero de la Virgen de Guadalupe, pero los aztecas no conocían a los ángeles, por lo que al ver a ese personaje con alas, debieron de haber pensado inmediatamente en las alas de las águilas.

Seguramente los aztecas veían al ángel como un guerrero que custodiaba a la Virgen, pues de los diferentes tipos de guerreros que existían en su organización militar, el águila representaba al más importante y valiente . Además, sus alas están formadas por plumas de aves típicamente mexicanas, como el quetzal.

El ángel tiene también su simbología ya que su piel presenta el mismo color que la piel de la Virgen, además de que sus plumas son del mismo tono que el de la túnica y capa. La posición que guarda con respecto a la Virgen le da el carácter de mensajero importante, y sus ojos están bien abiertos para no perder detalle, así como sus oídos están listos para escuchar.

También es el punto de unión entre el cielo y la tierra, pues en su mano derecha sostiene una estrella, la cual representa al cielo, y en la izquierda, sostiene una flor que representa a la tierra, por lo que sirve como puente de enlace entre el cielo y la tierra, entre la mente y el cuerpo. Según algunas interpretaciones aztecas, el ángel podría ser un tipo de "atlante" que sostiene a la Virgen como si la estuviera cuidando.

La importancia de la fecha de las apariciones

La fecha de las apariciones es de suma importancia, pues coincide con cambios venideros según el calendario Azteca. Según el Instituto de Astronomía de la UNAM, el solsticio de invierno del año 1531 tuvo lugar el día 12 de diciembre a las 10: 40 A.M., pero esta fecha en realidad era el día 22 de diciembre, ya que en 1582 fueron hechos los ajustes necesarios al calendario Gregoriano para poder corregir los errores del calendario Juliano.

Pero lo más importante es que en el calendario Azteca, el año 13 caña (1531) iniciaría un nuevo siglo, el cual, de acuerdo a su calendario, duraría 52 años, además de que según sus creencias, el final del mundo se daría en el inicio de un nuevo siglo.

Los ojos de la Virgen

Los ojos de la Virgen encierran una dulzura y comprensión que sólo una madre es capaz de reflejar al ver a sus hijos. Pareciera como si la Virgen comprendiera todo lo que pasaba en el México de la posconquista y diera su perdón por todas las atrocidades cometidas en nombre de la fe; pero no es su mirada en sí lo que nos llama la atención sino sus ojos.

Cierta noche, un dibujante revisaba la imagen de los ojos con una lupa, cuando de repente, dio con un descubrimiento que habría de cambiar su vida: en uno de los ojos de la Virgen pudo alcanzar a distinguir figuras humanas. Con este hallazgo se dio pie a una de las mayores controversias en la historia de la religión. Pero en el año de 1979, el doctor José Aste, quien era un especialista en imágenes por computadora, realizó estudios más profundos en el iris de los ojos de la Santísima Virgen.

Gracias a la computadora, las imágenes que aparecían en los ojos de la Virgen pudieron ser ampliadas más de 2500 veces, y gracias a esto, pudieron ser identificadas diferentes personas:

- Un indígena sentado
- La cara de Fray Juan de Zumarraga
- La cara de Juan González, el intérprete
- Un español
- Juan Diego
- Una mujer morena
- Un grupo de personas

Además de haber identificado a estas personas, el doctor Aste determinó lo siguiente:

"Las imágenes en los ojos de la Virgen se hallan en los dos ojos, además de que se encuentran en situaciones como las que registrarían los ojos de una persona viva. Las personas coinciden con el relato del *Nican Mopoha*, pero las imágenes son tan pequeñas que resultaría imposible verlas con el ojo simple, es necesario utilizar tecnología especial para poder verlas. Debido a esto resulta imposible pensar que hayan podido ser puestas allí a propósito, pues aun con las computadoras, es imposible pintar imágenes tan pequeñas y precisas, sin contar con la dificultad que presenta el pintar en ese material (el ayate)".

La beatificación

La beatificación es un proceso relativamente nuevo, ya que en la antigüedad, sólo era necesaria la fe de un grupo de personas para que alguien fuera calificado de beato. Pero esto cambiaría en el año de 1643, cuando el Papa Urbano VIII proclamó la bula Celestial Jerusalén, por medio de la cual se ordenaba que se examinaran los méritos de aquella persona que hubiera sido denominada para ser beato.

El desarrollo del proceso era planteado con gran rigidez y cada paso estaba perfectamente detallado para evitar cualquier desvío del objetivo principal, además de que según las reglas, el proceso sería interrumpido frente a cualquier objeción que pudiera restar o desacreditar la credibilidad de la investigación o la causa.

Años después, el Papa Benedicto XIV organizaría las reglas y los métodos de investigación, por lo que a partir de ese momento se investigarían los méritos que hacen de la persona un posible candidato a la beatificación, así como los milagros realizados por su mano bajo el designio de Dios.

La Iglesia da a los que todavía no son beatos ni santos, el título de "siervo de Dios", el cual se otorga al cristiano que ha muerto con fama de ser santo, además de haber despertado en el pueblo los valores que la Iglesia promulga. La Congregación que discute e investiga estas causas se llama "Congregación de la Causa de los Santos".

Este organismo se dedica a investigar minuciosamente toda la vida y obra de aquellos postulados a santos; a examinar toda la documentación, y a realizar un procedimiento de búsqueda y análisis actuario para conocer los hechos de manera profunda y objetiva. Tras haber llevado todos los pasos que el sistema episcopal exige, el Relator General de la fe coteja sus resultados con la documentación enviada por aquel que postula la causa, y una vez que tiene el resultado general de sus averiguaciones, el llamado "abogado del diablo" acude al Papa y le comunica el resultado.

Pero esto no es todo, ya que después pasa por otro "filtro" formado por jueces, sacerdotes, cardenales y otra vez por el Papa. Es este último, quien basado en el resultado de todas las deliberaciones, da su fallo final por medio de un escrito donde reconoce todos los milagros o prodigios que el "siervo de Dios" realizó. Acto seguido, inscribe al postulado en el libro de los Beatos y Santos.

La beatificación es un proceso largo y exhaustivo que algunas veces puede llevarse muchos años de estudio, ya que para que una causa sea aceptada debe de existir la certeza moral de los hechos y su validez religiosa. Beatificar significa que, "el Papa declare que algún siervo de Dios goza de la eterna bendición y que se le puede rendir culto, debido a que sus virtudes heroicas han sido debidamente estudiadas".

La Iglesia da preferencia a las causas que se consideren más apremiantes en cuanto a las necesidades de los fieles. Es, tal vez, por ese motivo que la beatificación y santificación de Juan Diego se realizó con tanta prisa, a pesar de que el proceso ya llevaba muchos años en estudio. Es común en nuestros días que los laicos sean muy numerosos entre los siervos de Dios, pues la participación de los mismos ha sido más activa en la vida de la Iglesia.

La beatificación de Juan Diego

El proceso de beatificación de Juan Diego duró más de 6 años. Se inició el 11 de febrero de 1984 y terminó el 3 de abril de 1990, día en que la Congregación de la Causa de los Santos dio su aprobación final, por lo que el día 17 de diciembre se publicó la exposición del proceso. Se trataba de un volumen de 824 páginas tamaño oficio, sin embargo, la publicación era tan sólo un resumen de los miles de páginas de actas y documentos revisados durante el proceso.

Asimismo, en este resumen se daba respuesta a todas las objeciones que se habían presentado durante el proceso, pero después haber recibido el visto bueno, el informe fue revisado por un grupo de cardenales que no encontraron ningún detalle que los hiciera retractarse de la decisión previa de dar la beatificación a Juan Diego. Al final del documento dice:

"Tras haber terminado el debate, el Reverendísimo Relator general tomó nota con gran complacencia de todas las evaluaciones positivas y del voto afirmativo unánime de los asesores teólogos, en cuanto a la causa se refiere".

La votación a la que se hace alusión en el párrafo anterior fue todo un éxito, ya que de nueve participantes, todos votaron a favor de la causa, por lo que se cumplía una de las condiciones para poder otorgar la beatificación, y ésta era la unanimidad.

Debido a todo lo que hemos expuesto anteriormente, el Papa Juan Pablo II beatificó a Juan Diego el día 6 de Mayo de 1990, pero no sólo a él se le otorgó ese honor, sino que también beatificó a los niños de Tlaxcala y al Padre Yermo. Podría decirse que Juan Diego no fue reconocido como santo cuando se le beatificó, sino desde el mismo día de su muerte. Ya se ha descrito el exhaustivo proceso de investigación y comprobación por lo que no deben caber dudas sobre su santidad.

Esto debe ser muy claro, ya que el artículo de 30 Giorni lo explica:

"...al ser usada por el Santo Padre la fórmula de reconocer el culto, lo hace no porque existan dudas acerca de la presencia y existencia histórica de la persona postulada, sino porque en lugar de reconocer a un nuevo beato, reconoce, confirma y autoriza un culto que ya está presente en la tradición cristiana de ese pueblo".

Juan Pablo II ordenó que la fiesta de Juan Diego se llevara a cabo el 9 de diciembre, fecha cuando comenzaron las apariciones e inició su camino hacia la santidad. Fue de esta manera que el Papa Juan Pablo II rindió homenaje a la Virgen de Guadalupe y a su mensajero, el indio Juan Diego. En el discurso de ese día, Juan Pablo II ofreció a Juan Diego como ejemplo de laicos y lo nombró "abogado y protector de los indígenas".

La alegría por el nombramiento del indio mexicano fue compartida por el pontífice, y durante la segunda visita que realizó a México dijo:

"Más grande es mi gozo ahora, ya que al comenzar mi segunda visita pastoral a esta tierra, en mi envestidura de sucesor de San Pedro y pastor de la Iglesia universal, Dios me otorga el favor de poder beatificar, es decir, de elevar a la gloria de los altares a algunos hijos predilectos de esta Nación.

"He realizado esto en el nombre y con la autorización de Jesucristo, el Señor, aquel que nos ha redimido con la sangre que brotó de sus santísimas llagas, y debido a eso, es ahora el pastor de nuestras almas. Juan Diego, el mensajero de la dulcísima Señora del Tepeyac. Los tres infantes mártires de Tlaxcala, Cristóbal, Antonio y Juan... el sacerdote y fundador José María de Yermo y Parres... Sus nombres, inscritos en el cielo, se encuentran desde hoy inscritos en el libro de los elegidos y en la historia de la fe de la Iglesia de Cristo, que vive y peregrina en México".

"En los inicios de la evangelización en México, el beato Juan Diego ocupa un lugar especial, aquel cuyo nombre Cuauhtlatohuac significa 'águila que habla'. Es su amable figura, elemento inseparable del milagro guadalupano, la aparición milagrosa y maternal de la Virgen, Madre de Dios, tanto en los momentos icnográficos y literarios como en la secular devoción que la iglesia de México ha manifestado por este indio escogido por María".

Por lo general un santo no se representa a sí mismo, sino que representa a todo un pueblo, éste es el caso del indio Juan Diego, ya que él representa a todos los indígenas que acogieron la "nueva fe" traída a México por los españoles en la conquista. Pero como ya lo hemos mencionado antes, la evangelización de la mayoría de los mexicanos se dio gracias a las apariciones de la Virgen y a Juan Diego, el indígena escogido por ella para realizar uno de los servicios más nobles y bellos de la historia.

Los relatos sobre su persona están llenos de virtud: su fe, su hambre por saber más y acoger a Dios en su corazón, además de su modo de vida tranquilo y sin dudas de la fe, su esperanza en la Virgen, su moralidad ya que nunca se vio envuelto en alguna clase de problema.

La canonización

Desde siempre, la Iglesia ha presentado como modelos a seguir, a todos aquellos que siguieron a Jesucristo poniendo en práctica hasta sus últimas consecuencias todos los principios que Él enseñó. Por eso, la canonización no está enfocada para los llamados siervos de Dios, sino para los fieles, pues es el pueblo quien tiene la necesidad de seguir encontrando nuevos modelos de santidad.

El magisterio de la Iglesia permite que pueda ser propuesto a la canonización cualquier católico, sin importar su color de piel o condición social, siempre y cuando su vida haya terminado rodeada por la iluminación de la santidad. La fama de santidad aceptada por la Iglesia debe ser espontánea, seria y generalizada. Tal fue el caso de Juan Diego, a quienes sus mismos hermanos de raza consideraban un santo.

Su ejemplo ayudó a evangelizar a miles de indígenas, dándose el caso de que los misioneros tenían que evangelizar hasta 6,000 indígenas diariamente. Ésta fue la más grande y numerosa evangelización que se haya dado en toda la historia de la religión católica, además de que el impacto de las apariciones fue más allá de las fronteras de México.

Tras haber sido beatificado, hemos recibido con júbilo la noticia de que Juan Diego será canonizado: se superaron todas las pruebas necesarias para que la Iglesia Católica lo calificara como "extraordinario". Sin embargo, no fue declarado Santo por el sólo hecho de haber contemplado a la

Virgen, sino por sus virtudes y sus milagros que la Iglesia consideró como contundentes.

Cuando la Virgen solicitó al indígena de Cuautitlán que le realizara un servicio, le prometió que sería recompensado y glorificado; por lo que podemos pensar que además de la gloria celestial, la Virgen se refería a que en la tierra iba a ser reconocido, y ese reconocimiento es la canonización.

Existía la posibilidad de que la promesa de recompensa de la Virgen fuera interpretada por aquel indígena como dinero, joyas o poder, ya que como lo demuestra una declaración de Motolinía, los mexicas no tenían grandes aspiraciones económicas. A continuación reproducimos parte de ese comentario:

"Los indios casi no tienen estorbo para llegar al cielo, y ya que su vida se contenta con tan poco... no pierden el sueño por llegar a amasar grandes fortunas, ni se matan por alcanzar estados ni dignidades..."

La base de todas las historias de los indígenas mexicanos es siempre la grandeza de su espíritu, fe y capacidad de seguir amando a Dios a pesar de las circunstancias. Juan Diego fue honrado desde el momento en que la Virgen lo escogió para que fuera su heraldo, pero además, la Madre de Dios le promete grandes recompensas, y ya que Juan Diego hizo su parte, ahora la Virgen cumple su promesa y le da la entrada a la santidad, el tesoro de los cielos.

El escándalo de la oposición

Después del anuncio de la futura canonización del indígena Juan Diego, se ha levantado mucha controversia a causa de una carta enviada al Vaticano por cuatro mexicanos, miembros de la Iglesia Católica, sus nombres son: Guillermo Schulemburg, abad emérito de la Basílica de Guadalupe; Carlos Warnholtz, profesor de derecho de la Universidad Pontifica Mexicana; Esteban Martínez, exdirector de la Bi-

blioteca de la Basílica de Guadalupe; y Manuel Olimón, maestro de la Universidad Pontifica Mexicana.

Estos célebres y respetados miembros de la Iglesia, se oponen terminantemente a la canonización del indio Juan Diego y en un fragmento de la carta dicen:

"La existencia de Juan Diego, nunca ha sido probada; podríamos obtener muchas firmas de eclesiásticos preparados, así como de laicos intelectuales que avalan nuestra carta, pero, no es nuestro fin provocar un escándalo, simplemente queremos evitar que disminuya la credibilidad de nuestra Iglesia".

La carta fue enviada al Cardenal Ángelo Sodano, quien se desempeña como Secretario de Estado del Vaticano y fue publicada en un diario italiano, cuyo nombre es *IL Giornale*. El motivo por el cual mencionamos el nombre del medio es muy importante, como se verá más adelante.

Lo que ha extrañado al pueblo de México es por qué el ahora exabad de la Basílica, si estaba tan seguro de que no existió Juan Diego, no dijo nada antes. Ahora que vive con todo lujo, que tiene automóviles importados, usa ropa de diseñadores italianos y juega golf en uno de los lugares más exclusivos del D.F., es cuando se le ocurre hacer una declaración de este tipo. ¿Por qué no la hizo cuando vivía de la fe del pueblo hacia la Guadalupana y el indígena de Cuautitlán?

Además, según consta en las leyes internas de la Iglesia, quien filtró la carta al medio de información italiano violó los cánones 1454 y 1455, en los cuales se exige secreto a todos los que intervienen en un proceso eclesiástico; incluso, el canon 1475, que prohíbe el proporcionar documentos del proceso.

Pero según las autoridades eclesiásticas, la carta de Schulemburg no afecta el proceso, ya que las mismas autoridades han verificado infinidad de veces la autenticidad de la existencia de Juan Diego, además de que fue encontrada el acta de defunción del indígena, fechada en 1548 y firmada por Antonio Valeriano, autor del Nican Mopohua.

Por eso, su Santidad, Juan Pablo II, visitará México para realizar la canonización de Juan Diego él mismo; su llegada se espera para el 28 de julio de este año (2002), y llegará tras haber concluido su gira para la jornada Mundial de la Juventud, en Toronto, Canadá.

Por este motivo, las autoridades mexicanas han preparado un gran espacio en Cuautitlán para llevar a cabo el evento, aunque debido a la salud del Santo Padre, su visita se ha puesto en peligro varias veces, pero él, quien como sabemos adora a México, ha insistido en venir a tierra azteca sin importarle su estado de salud. Así pues, el pueblo mexicano está de fiesta pues próximamente, Juan Diego, el humilde indígena mexicano, será santo.

En estos últimos días se ha vuelto a desatar una polémica sobre la tilma de Juan Diego; se cuestiona su veracidad, e incluso se ha llegado a decir que es obra de un pintor anónimo europeo. Sin embargo, en páginas anteriores hemos expuesto pruebas suficientes para que usted norme su criterio. Lo que nosotros sí podemos decirle es que la imagen tiene detalles que hubieran resultado imposibles de reproducir para cualquier pintor de aquella época: los vasos sanguíneos de los párpados, las imágenes de los ojos, la mancha de ácido en el ayate, en fin, muchas pruebas que se encuentran allí, frente a nuestros ojos.

Pero, aunque la imagen fuera falsa en cuanto a su elaboración, y la hubiera podido realizar un artista de origen humano (en caso de ser así, podríamos estar hablando de un nuevo Miguel Ángel debido a la dificultad de la obra y su perfección), el milagro no se encuentra en la tilma, en el ayate de un indígena, sino en el corazón de millones de mexicanos en la actualidad, y en el pasado. El milagro radicó en la unidad que brindó al pueblo de México al llamar a la fe a miles de mexicanos, quienes se agolpaban en las iglesias diariamente para solicitar que se les instruyera en la fe.

El milagro guadalupano es más que un simple pedazo de tela, sea del material que sea, o de una pintura ya sea de origen humano o divino; el verdadero milagro guadalupano está en el amor que el pueblo ha llegado a sentir por la morenita del Tepeyac, en la veneración de millones de mexicanos que ofrecen pruebas de su fe por todo el país y más allá de sus fronteras.

El verdadero milagro guadalupano se da todos los días, ya sea en la casa de un humilde barrendero o en la mansión del ilustre empresario. El verdadero milagro guadalupano se da a todas horas y en cualquier condición, ya sea adversa o favorable, en cualquier lugar: se da en el centro del corazón de millones de mexicanos que aman y veneran a la Madre de Dios, a la morenita del Tepeyac, a la Santísima Virgen de Guadalupe. Nuestra Santísima Virgen de Guadalupe.

TÍTULOS DE ESTA COLECCIÓN

NOTAS

Esta obra se terminó de imprimir
en marzo de 2004, en
Litográfica Ingramex, S.A. de C.V.
Centeno 162-1
Col. Granjas Esmeralda
México, D.F.

Certificado No. 02-2082